**보통 사람
부자 수업**

평범한 월급쟁이에게 경제적 자유를 안겨준

보통 사람 부자 수업

박완규 지음

미래의창

2018년을 기점으로 전 세계 시장에 풀린 많은 양의 단기성 자금들은 보통 사람들이 접하기 쉬운 투자 대상인 부동산과 주식, 암호화폐로 흘러들어갔습니다. 특히 부동산 시장이 크게 요동쳤는데, 당시 우리나라에서도 '어느 동네의 어떤 아파트 가격이 며칠 만에 수천만 원씩 뛰었다'라는 식의 기사들이 연일 쏟아졌지요. 이를 지켜보던 수많은 젊은이들은 이러다 나만 뒤처지는 것은 아닌지, 가만히 있다가 내 집 마련의 기회를 영영 놓치는 것은 아닌지 불안해했습니다. 그런 불안감이 그들로 하여금 '영끌(영혼까지 끌어모으다)'이라고 말할 만큼 무리해서 대출을 받아 자산을 구입하는 선택을 하게 만들었습니다. 그렇게 시장 분위기에 휩쓸려 유행처럼 투자를 반복하니 결과적으로 남는 것은 수익이 아닌 빚입니다. 물론, 흐름을 잘 타서 부를 쌓는 데 성공한 사람도 분명 있습니다. 그러나 모든 사람의 부의 축적 과정이 같을 수는 없지요. 소액으로 수십억의 자산을 벌거나 수십 채의 부동산을 소유하는 것이 전부는 아닙니다. 욕망을 자극하기만 하는 방식은 오히려 보통 사람들이 진정한 부를 축적하는 데 방해가 됩니다.

여기서 '보통 사람'이란 누구일까요? 단어의 뜻만으로 보자면 특별히 뛰어나지도 열등하지도 않은, 우리 주변에서 흔히 만날 수 있는 중간 정도의 사람입니다. 하지만 이 책에서 제가 말하고자 하는 보통 사람은 '자본주의 사회에서의 보통 사람'입니다. 부모에게 물려받을 것이 없는, 오직 자신의 노동력을 생산 수단으로 삼아 그 대가로 돈을 벌어 부를 쌓아나갈 수밖에 없는 대다수의 사람들 말입니다. 그러한 관점에서 보면 저 역시 지극히 보통 사람입니다. 2007년부터 현재까지 16년째 한 직장에서 일하고 있습니다. 군에서 장교로 복무한 기간까지 합하면 18년이 넘도록 근로소득자로 살고 있는 셈입니다.

한때는 제게도 제 몸 하나가 유일한 생산 수단이었습니다. 다만, 회사에 다니기 시작했을 때부터 퇴직 후의 삶을 진지하게 고민했습니다. 그 결과 수십 년간 직장인으로서 월급을 받으며 안정적으로 삶을 살아가더라도 언젠가는 그 직장을 벗어나 나만의 수익 구조를 갖춰야 한다는 것을 조금 일찍 깨닫게 되었지요. 그러려면 근로소득을 아끼고 모아서 노동력 이외의 수익 창출 수단을 만들고 발전시켜야 합니다. 고민 끝에 직장생활과 병행할 수 있는 임대업에 뛰어들어보기로 결심했고, 지금까지 이어오게 되었습니다.

현재 저는 18채의 부동산을 보유하고 있고, 이를 통해 꾸준한 현금 흐름을 만들어내며 경제적 자유를 얻었습니다. 이 결과를 보며 사람들은 어떤 극적인 순간이 있었을 것이라 짐작하고는 합니다만, 그런 것은 없었습니다. 그저 고되고 지루한 시간들을 잘 견디며 끝까지 포기하지 않았을 뿐입니다. 어떻게 보면 뻔하디 뻔한 성공 공식이지만 주어진 환경을 뛰어넘어 원하는 방향으로 끊임없이 나아간다는 것이 말처럼 쉽지는 않습니다. 직장인에게는 더더욱 황금같이 소중한 주말, 저는 부동산을 보러 가거나 강연을 듣거나 기술을 배웠습니다. 그냥 쉬면서 보내는 휴일은 거의 없었지요. 그런 날들이 하루, 이틀 쌓이면서 오늘에 이른 것입니다. 진정으로 원하는 것이 있다면 무수한 유혹을 이겨내고 나태해지려는 마음을 다잡는 결단력을 갖춰야 합니다. 수풀이 무성한 정글 한복판에서 칼 하나를 손에 든 채 없는 길을 내어가며 전진하는 것 같달까요?

월급에 만족하지 않고 다른 수익 구조를 만들겠다고 마음먹었을 때, 그 과정이 결코 쉽지 않을 것이라 예상했습니다. 하지만 경제적 자유를 얻지 못한 채 퇴직한다면 더 큰 어려움이 기다릴 것임을 알고 있었습니다. 부의 축적 과정에서 겪을 현재의 고통과 부를 축적하지 못해 겪게 될 미래의 고통. 제 인생에서 무엇이 더 큰 타격이 될지는 분명했지요. 그렇게 생각하자 머릿속이 맑아졌습니다. 무엇이 우선되어야 하는지 결정하고 나니 보다 생산적인 일에 집중할 수 있었습니다. 지금까지 제 인생을 돌아보면 경제적 자유를 결심한 그 순간이 가장 중요한 변곡점이었습니다. 경제적 자유를 향한 열망은 나 아닌 다른 사람이 불어넣어주지 않습니다. 지금과는 다른 삶을 살고자 하는 스스로의 의지가 무엇보다 중요합니다. 그 의지를 바탕으로 조금씩 앞으로 나아가는 겁니다. 때로는 길을 잘못 들기도 하고, 때로는 장애물에 넘어지기도 하면서 말이죠. 그렇게 제가 목표로 한 경제적 자유라는 꿈은 비로소 눈앞의 현실이 되었습니다. 보통 사람에게는 그런 부단한 노력이 필요합니다.

그런데 얼마나 부를 쌓아야 부자라고 할 수 있을까요? 그 기준은 누가 만든 것일까요? 이를 내 삶에 그대로 적용해도 괜찮은 걸까요? 세상의 기준에 맞추느라 내 것이 아닌 길을 간다면 그것이 과연 바람직할까요? 특히나 최근 혼란한 경제 상황 속에서 검증되지 않은 투자법에 이리저리 휩쓸리며 도리어 부의 축적에서 멀어지는 보통 사람들을 보면서 많이 안타까웠습니다. 그래서 부에 대한 올바른 가치관과 기준을 먼저 세우고 쉽게 흔들리지 않는 내면을 갖추는 방법을 제시하고자 책을 쓰게 되었습니다.

투자 자산의 급등기를 지나 우리는 그 어느 때보다 부를 축적하기 어려운 시기를 살아가고 있습니다. 이런 시기일수록 검증되지 않고 자극적인 투자법이 난무하기 마련입니다. 그로 인해 선의의 투자자들이 위험에 빠지기 쉽지요. 그린 위험들이 산재한 때에 보통 사람들을 위한 이런 책 하나쯤은 세상에 나와도 되지 않나 싶은 마음이 이 책의 출발점입니다.

이 책은 투자서는 아닙니다. 소액으로 큰돈을 버는 법, 저평가된 투자처를 알아보는 법 등은 담겨 있지 않습니다. 그런 내용이 담긴 더 훌륭한 책들이 이미 많이 나와 있고, 제가 그 책을 집필한 전문가들보다 투자에 대해 더 잘 안다고 생각하지 않습니다. 그렇지만 그 투자법을 온전히 이해하여 활용하고 마침내 부를 축적하려면 마음을 다지는 것이 우선이라고 믿습니다. 마음이 준비되지 않은 상태에서는 수익을 얻어도 지속하기 힘듭니다. 저는 부동산으로 수익 구조를 만들었지만 이 책은 부동산에만 국한된 이야기는 아닙니다. 사람마다 처한 상황과 주어진 재능이 다르니까요. 기본을 잘 닦은 상태에서 부동산이든 주식이든 본인에게 맞는 방법을 찾는다면 얼마든지 부를 축적할 수 있다고 확신합니다.

직장생활과 임대사업을 병행하며 부를 바라보는 저만의 관점이 생겼고, '이를 처음부터 알았다면 실수를 줄여 더 수월하게 부를 쌓을 수 있지 않았을까' 하는 생각이 들었습니다. 흔들리지 않는 단단한 마음이 한순간에 만들어지지는 않을 겁니다. 부를 축적하는 일은 더더욱 그렇겠지요. 그렇지만 이 책에 담긴 저의 이야기를 차근차근 읽다 보면 어느새 저와 비슷한 관점에서 부와 삶을 바라보게 되지 않을까 합니다. 현재의 삶에 만족하고 있다면 경제적 자유가 절실하지 않을 수 있습니다. 그러나 삶이 잘못된 방향으로 흐르고 있다고 느껴지거나 성장의 속도를 높이고 싶다면 결심이 필요한 때가 된 것입니다. 부의 축적에 대한 자신만의 단단한 세계를 구축하고 어떤 어려움에도 의연히 대응하는 힘을 기르는 데 이 책이 보탬이 되기를 바랍니다.

차례

STEP 1
탈출 ✧✧

부의 축적을
방해하는 것들로부터의 해방

STEP 2
정립

튼튼하게 자라날
부의 씨앗을 발견하는 방법

STEP 4
실천 ✧✦

부를 축적하는
단단한 자산 전략

STEP 5
지속 ✧✦

부의 축적,
그 이후의 삶

STEP 1

탈출

부의 축적을
방해하는 것들로부터의 해방

첫 장의 주제는 '부의 축적에 방해가 되는 것들로부터의 탈출'입니다. 무언가를 채우려면 우선 깨끗이 비워야 합니다. 부는 그것을 열망하는 마음만으로는 축적되지 않습니다. 잘못된 생각은 부를 쌓는 속도를 더디게 만들죠. 이를 먼저 정리해서 올바른 생각들로 새롭게 채워질 공간을 만들어야 합니다.

그렇다면, 어떤 생각이 잘못된 것일까요? 우리가 부를 쌓는 것을 방해하는 건 대체 뭘까요? 무엇을 어떻게 비울지 아는 것부터 시작합니다. 말하자면 부의 축적을 위한 준비 단계인 셈이죠. 이 장에서는 자산과 소득, 부와 성공을 대하는 태도와 기준에 대해 이야기해보고자 합니다. 그동안 일반적으로 여겨왔던 것과는 다른 방식으로 자산과 소득을 이해하고, 특히 인내심의 중요성에 대해 다룰 겁니다. 지금부터 '보통 사람'으로서 부를 쌓기 위한 첫걸음을 함께 내디뎌볼까요?

소득을 자산으로
착각하는 사람들

10년이 넘도록 월급을 받으며 근로소득자로 생활하다 보면 소득을 자산이라 여기는 착각에 빠지기 쉽다. 매월 정해진 날에 꼬박꼬박 들어오는 월급은 생활의 기준이 된다. 연봉이 오르면 오른 만큼 더 많이 소비하게 되고, 늘어난 소비를 유지하기 위해 현재의 직장에 충실히 임한다. 그렇다 보니 월급을 받는 동안에는 그 외의 수입원을 찾을 생각을 하기가 쉽지 않다. 월급에서 얻는 안정감과 만족감으로 인해 모험을 하기보다는 직장에서의 몸값을 높이는 데 더 투자한다. 승진은 더 많은 월급을 보장하므로 이를 위해 자기계발에 매진한다. 문제는 이 소득이 단절되었을 때 일어난다. 조직 안에서의 내 몸값을 높이는 일에만 몰두하다 보니 소득이 끊겼을 때를 대비할 시간이 없는 것이다. 자기계발도 좋고, 승진에 열중하는 것도 좋다. 하지만 그 연봉만 믿고서 평생 월급을 받을 것처럼 행동하는 건 위험하다. 연봉, 즉 근로소득은 일시적이다. 그 회사, 그 조직에 몸담고 있을 때만 유효한 것이다. 회사를 떠난 뒤에는 과거에 얼마나 높은 연봉을 받았는지가 중요하지 않다. 회사를 그만두었다면 지금의 연봉은 '0원'이기 때문이다. 달마다 월급을 받는 데 익숙해지면 그 소득이 영원할 것만 같은 착각에 빠진다. 언젠가 월급이 끊기는 날이 반드시 온다는 사실을 머리로 생각할 수는 있어도 실감하기는 어렵다. 그저 먼 미래의 일처럼 느껴질 뿐이다. 그러나 그 순간은 분명히, 그리고 내 예상보다 빨리 다가온다. 월급에만 의존하며 생활하다가 그것이 단절되었을 때 느껴지는 상실감은 엄청난 고통이다. 아무래도 연봉이 높을수록, 연차가 오래될수록 실직 후의 상실감이 더 크다.

그렇다면 직장을 떠난 뒤에도 상실감을 최소화하고 안정적인 삶을 이어가기 위해서는 어떻게 해야 할까? 우선, 근로소득이 '자산'이 아니라는 것부터 깨달아야 한다. 근로소득은 한시적이며 언젠가 반드시 끊긴다는 것을 잊지 말자. 물론, 급여소득자에게는 월급이 소비의 기준이 될 수밖에 없다. 하지만 월급 말고도 다른 기준이 있어야 한다. 근로소득 외에 다른 소득원을 확보하고 그 규모가 일정 수준 이상 커진 상태가 아니라면 월급에 딱 맞춰서 삶을 꾸리는 것은 위험하다.

만약 월급으로 저축은 꿈도 꾸기 어려운 상황이라면 소박한 연봉을 탓하기에 앞서 지출을 살펴봐야 한다. 하루 날을 잡아 나의 지출을 꼼꼼히 들여다보기를 추천한다. 최근 6개월간의 지출을 고정적인 지출과 일시적인 지출로 나누어 정리한다. 이때 고정지출이 월급이 끊겼을 때도 유지할 수 있는 금액인지 생각해보자. 월급이 없으면 감당할 수 없는 수준이라면 진지하게 고민해봐야 한다. 지출을 줄일 것인가? 아니면 다른 소득원을 찾을 것인가? 당장 마땅한 소득원을 찾기 어렵다면 지출부터 조정해야 한다.

기본적으로 자본주의 사회는 사람들의 소비를 부추긴다. 사람들이 돈을 많이 써야 그 돈으로 경제가 돌아가기 때문이다. 문제는 소비가 곧 그 사람의 정체성인 것처럼 바라보는 사회 풍조다. 사람의 인격이 아무리 고귀하고 뛰어나도 눈에 보이진 않는다. 그렇다 보니 눈에 보이는 것으로 나를 표현하고 남을 판단하게 된다. 그래서 사람들은 나의 가치를 보여주는 가장 쉽고 확실한 방법으로 고가의 물품을 구매한다. 대표적인 것이 고급 외제차와 명품 소비다.

스스로의 가치를 물질로 표출하는 것에 익숙해지면 이른바 '품위 유지비'가 많이 들게 된다. 예를 들어, 고급 외제차를 몰려면 유류비, 보험료 등 매월 수십만 원의 차량 유지비가 들어간다. 국내에 정식으로 들어오지 않아 쉽게 구할 수 없는 '레어템'을 들고 다니기 위해 해외 직구를 해가면서 명품을 구입하는 것은 또 어떤가? 기업 입장에서야 이런 소비자들이 참 고맙고 소중하다. 이유가 무엇이든 그들이 소비함으로써 이윤이 남고 지속적인 생산이 가능해지기 때문이다. 하지만 평범한 보통 사람들 입장에서는 어떨까? 누구나 자신의 가치를 인정받고 싶은 욕구가 있고, 이를 충족시키기 위해 자연스레 고급차나 명품 등의 값비싼 소비재에 눈길이 간다. 그렇게 하나둘 구입하다 보면 소비가 습관화되고, 어느새 월급의 상당액을 불필요한 구입과 유지에 쓰게 된다. 그 소득이 언젠가 끊길 것임을 알지만 어쩐지 피부로 와닿지는 않는다. 그러니 대비하기는 쉽지 않고, 이미 커져버린 씀씀이가 줄어들 리도 없다. 화려한 소비가 주는 단기간의 만족감에 취해 다음 소비 대상을 찾는 데 에너지를 쏟을 뿐이다.

자본주의 사회에서 보통 사람늘은 스스로를 '자유인'이라고 생각하곤 한다. 하지만 솔직히 말해 이들은 현대판 소작농이라고 할 수 있다. 근로소득자가 소비를 통해 자신의 소득을 생산자(기업 등)에게 넘기면 자본가는 계속해서 부유해지는 반면, 근로자는 소비를 이어가기 위해 끊임없이 자신의 노동으로 소득을 발생시켜야 한다. 그럼에도 근로소득을 자산이라 볼 수 있겠는가? 근로소득을 자산으로 보려면 앞으로 평생 동안 그 소득이 끊기지 않아야 한다. 그러나 현실은 그렇지 않다. 우리는 언젠가 직장을 떠날 수밖에 없고, 그날은 생각보다 빨리 올 수 있다. 그러니 '그동안 월급으로 인생을 꾸려왔으니 앞으로도 그럴 수 있다'라는 생각은 위험하고도 안타까운 착각이다. 근로소득으로 연명할 수 있는 기간은 점점 짧아지고, 화폐 가치는 시간이 갈수록 떨어지고 있다. 게다가 하루가 다르게 발전하는 과학 기술로 일자리의 존재 자체가 위협받기도 한다.

우리는 끊임없이 소비를 부추기며 개인의 가치를 물질로 드러내라 요구하는 사회를 살아가고 있다. 보이지 않는 것보다 보이는 것을 우선시하며, 비싸고 희소한 것을 가지고 있는 것 자체로 계급이 나뉜다. 그렇다고 해서 근로소득을 자산으로 착각하게 만드는 사회를 탓할 수만은 없다. 어쨌든 우리는 이 사회의 구성원이며, 어떤 형태로든 자본주의의 혜택을 누리고 있기 때문이다.

필자의 이야기를 해보자면, 나는 2년 4개월간 장교로 군복무를 마치고 전역과 동시에 취업에 성공했다. 남들보다 일찍 꽤 좋은 직장에 입사해 한동안 주변 지인들로부터 많은 축하와 부러움을 받았다. 무엇이든 할 수 있을 것 같은 젊은 날의 자신감에 누구나 인정하는 안정적인 직장이 더해지니 마치 세상이 나를 중심으로 돌아가는 듯했다. 회사의 로고 아래 나의 이름 석 자가 박힌 명함은 그 자체로 어디를 가든 누구를 만나든 꿀리지 않을 수 있는 든든한 무기였다. 그렇게 입사 후 몇 개월은 도취감에 빠져 지냈던 것 같다.

하지만 그것도 딱 6개월. 회사의 이름과 근로조건 같은 것에 가려졌던 현실이 조금씩 눈에 들어왔다. 한 직장 내에서 함께 일하는 여러 직급의 선배들을 보며 나의 미래가 조금씩 예상되기 시작했다. '내가 대리를 달면 저 분처럼 되겠고, 과장을 달면 저 분처럼 될 거고, 차장을 달면 아마 저 분처럼 되겠지?' 하고 말이다. 그렇게 하나씩 따라 올라가다 보니 퇴직을 앞둔 분의 모습도 보였다. 그분에게도 분명 나처럼 패기와 자신감이 넘쳤던 첫 입사일이 있었을 것이다. 나는 아직 짐작할 수 없는 오랜 시간 동안 자신의 시간과 노력을 기꺼이 회사에 쏟았을 것이다. 그런데, 그 끝은 어쩐지 초라했다.

나의 미래도 크게 다르지 않을 것이라 생각했다. 그러다 문득 궁금해졌다. 저렇게 퇴직한 뒤에는 당장 다음 달부터 월급이 들어오지 않을 텐데 어떻게 생활할까? 퇴직금이 적지 않기는 해도 소득이 단절되는 것을 막을 수는 없다. 미래가 불투명한 상황에서 퇴직금을 함부로 쓸 수도 없는 노릇이다. 내게 더 큰 충격을 준 것은 아직 한창 일할 수 있음에도 쫓기듯 회사를 떠나는 모습이었다. 자신의 젊음을 회사에 바치며 조직이 이만큼 성장하는 데 많은 기여를 했음에도 마지막은 너무나 쓸쓸해 보였다. 동시에 '나 또한 열심히 일하고 인정을 받아도 언젠가는 저렇게 회사를 나가게 되겠구나'라는 생각이 들었다.

물론, 회사에서 열정적으로 일하며 좋은 성과를 내고 동료들의 부러움과 존경을 받는 것은 중요하고 기쁜 일이다. 하지만 그 끝에 남는 것이 빛바랜 영광뿐이라면 무슨 소용이 있겠는가. 그렇게 퇴직을 맞이한 사람들은 종종 '나는 내 인생을 회사에 바쳤는데 회사는 퇴직 후의 나를 나 몰라라 한다'며 속상해하는데, 솔직히 말하자면 이는 핑계에 불과하다. 정말 하고 싶은 일이 있음에도 회사에 매여 하지 못했다면 그건 회사의 문제가 아니라 내 열정이나 요령이 부족했던 탓이기 때문이다.

우선, 근로소득이

'자산'이 아니라는 것부터 깨달아야 한다.

근로소득은 한시적이며

언젠가 반드시 끊긴다는 것을 잊지 말자.

집에 대한
잘못된 생각

집은 하루 일과를 마치고 피곤한 몸을 이끌고 돌아와 마음 편히 쉬는 공간이다. 집이 주는 따뜻함과 안정감은 삭막한 사회생활을 버티는 힘이 된다. 특히나 한국에서 집은 단지 휴식과 안정을 주는 것을 넘어 계층을 형성하고, 재산의 척도가 되며, 삶의 목표가 되기도 한다. 이는 주택 중 아파트의 비중이 높기 때문에 가능한 것이다. 아파트 한 단지에는 많게는 수천 세대가 모여서 거주한다. 모든 집이 정해진 규격에 맞춰져 있고, 구축의 경우 내부 구조까지도 동일하다. 같은 규격의 집이지만 사람들이 선호하는 층과 동이 있어 일명 '로얄층'과 '로얄동'이 존재한다. 때로는 어느 지역의 어느 아파트에 사느냐가 그 사람의 자산 수준을 대변하기도 한다. 대표적인 것이 바로 서울의 '강남 아파트'다. 오늘날 한국에서 강남의 아파트를 소유하고 있거나 전세로 거주하고 있다는 것은 일정 수준 이상의 부를 보유하고 있음을 가리키며 선망의 대상이 된다. 강남의 아파트라고 해서 다른 곳의 아파트와 대단한 차이가 있는 것은 아니지만 대한민국의 노른자위에 위치한 입지로 인해 보통 사람들은 엄두도 내지 못할 만큼의 엄청난 가격을 호가한다. 심지어는 '강남 입성'을 인생 목표로 삼는 사람도 있을 정도다. 이는 그만큼 강남의 아파트를 보유하는 일이 어렵다는 것을 방증한다.

부를 축적하려면 집에 대한 생각을 바꿀 필요가 있다. 집은 소비 자원이다. 거주하는 동안 집은 서서히 낡아간다. 보일러, 수도 배관, 내·외부 벽면 등은 시간이 지나면 교체해야 한다. 노후화될수록 가치가 떨어지는 것이 맞다. 그런데 한국에서는 단지 집의 상태가 집값을 결정하지 않는다. 입지나 학군이 좋아지면 아무리 오래되고 낡은 집이라도 집값이 오른다. 이는 집의 본래 가치가 상승되었다기보다 땅값의 상승이 반영된 것이라고 보는 것이 맞다.

현재 거주 중인 집을 재산 축적의 수단으로 여기는 것은 부를 쌓는 데 큰 장애물이 된다. 집을 마련하기 위해 들어간 상당한 자금이 그 집에 고스란히 묶여버려 다른 곳에 투자할 수 없기 때문이다. '집'에 투자하는 것이 잘못되었다는 것이 아니라, '거주하는 집'에 투자하는 것이 잘못되었다는 이야기다. 지금 살고 있는 집의 매매가가 갑자기 많이 올랐다고 해보자. 단순히 숫자만 본다면 샀을 때보다 집값이 올랐으니 이를 팔면 시세차익을 얻을 것이라 기대할 수 있다. 하지만 이를 처분하고 다른 곳으로 이사 가기란 쉽지 않다. 내 집의 가격이 올랐다면 내가 이사 갈만 한 다른 집들의 가격도 올랐을 가능성이 높기 때문이다. 따라서 시세차익을 얻기 위해 현재의 집을 처분한다면 지금보다 못한 입지와 조건의 집으로 옮겨야 한다. 그래서 거주 중인 집을 투자 수단으로 삼았을 때 투자금 회수의 시점을 잡기조차 어려운 경우가 많다. 때문에 부동산 투자를 하고 싶다면 본인이 거주하는 집 말고 다른 집을 구입해 활용하는 것이 낫다.

투자금 회수도 문제지만, 투자금을 마련하는 것부터 큰 문제다. 보통은 그동안 모아둔 목돈에 대출금을 더해 집을 산다. 매달 들어오는 수입에서 일정 금액을 떼어 목돈을 모으는 것은 말이 쉽지 정말 어려운 일이다. 그런데 집을 사는 순간 겨우 마련한 그 돈이 집에 매몰되어버린다. 이 돈을 회수하려면 추가로 대출을 받거나 집을 팔아야 한다. 주택담보대출에 신용대출까지 끌어모아 집을 구입했다면 매월 상당한 금액이 대출이자로 지출된다. 아마 가계 지출에서 생활비 다음으로 많은 비중을 차지할 것이다. 그렇게 많은 돈을 지불하면서까지 집을 유지할 필요가 있을까?

다시 집의 본래 의미로 돌아가보자. 집이 주는 안정감과 따뜻함은 그 집이 비싸다고 커지거나 싸다고 줄어드는 것이 아니다. 즉, 거주하는 집의 가치는 그 가격에 있지 않다. 집값이 계속 오르는 상황에서는 집을 오래 보유할수록 자산이 늘어난다고 생각하는 경우가 있는데, 이 또한 착각이다. 해마다 화폐가치는 떨어지고 물가는 오른다. 따라서 단지 집의 가격만 보고서는 자산의 증가 혹은 감소 여부를 따질 수 없다. 자산은 그 자체로 소득을 발생시키고 가치가 일정하거나 상승하여 그 규모를 늘릴 수 있어야 한다. 그런 점에서 거주 중인 집은 자산으로서 제 역할을 하지 못한다. '집'은 자산이 맞지만, '내가 거주하는 집'은 돈을 벌어다 주는 본업 자산이 아니라는 뜻이다. 그보다는 소비재로 보는 것이 더 적절하다. 거주하는 집이 나의 핵심 자산이라는 착각에서 벗어나야 부를 축적하기 위한 출발선에 비로소 설 수 있다. 한국에서 보통 사람들이 집에 쏟아붓는 금전과 시간은 엄청나다. 그 에너지의 방향을 조금만 돌린다면 훨씬 효과적으로 부를 축적할 수 있다.

20~30년짜리 장기 대출을 받아 겨우 내 집을 마련했다고 해보자. 그 집이 벌어오는 소득보다는 이를 유지하기 위해 투입해야 하는 비용이 훨씬 크다. 추후 더 큰 집으로 이사 가기 위해 대출을 더 받는다고 가정한다면 평생 소유하지도 않을 집을 위해 상당한 시간과 돈을 투자하는 셈이다. 시간이 지나 근로소득이 끊기고 나면 지금 살고 있는 집은 자산으로 볼 수 없다는 사실을 깨닫게 될 것이다. 하지만 그때는 이미 늦다.

근로소득의 상당 부분을 대출이자로 지출하며 집을 유지하는 동안 집값 상승기를 맞았다고 해도 자산이 늘어난 것은 아니다. 모든 자산의 실제 가치는 이를 다른 사람에게 매각하는 순간에 매겨진다. 집의 시세가 올랐어도 이를 팔아서 나의 계좌에 그 대금이 입금되지 않는 한 아무런 의미가 없다. 따라서 지금 거주 중인 집의 시세가 아무리 올랐어도 그만큼 부자가 되거나 자산이 증가한 것은 아니다. 그렇다면 시세가 많이 올랐을 때 집을 팔았다고 해보자. 그 사람은 자산 증식에 성공한 것일까? 그 여부는 좀 더 들여다봐야 한다. 집을 팔아 얻은 현금으로 다른 집을 구해 이사를 가야 하는데, 집값 상승기이니 비슷한 입지의 집들은 모두 가격이 오른 상태다. 차익의 대부분을 주택 구입에 다시 써야 한다는 뜻이다. 그렇지 않고 차익을 남기고 싶다면 지금까지 살았던 집보다 조건이나 상태가 나쁜 집으로 옮겨야 한다. 그렇게 이사를 한다면 과연 투자에 성공했다고 볼 수 있을까? 잠시 컨디션이 나쁜 집에 사는 대신 주택 매매로 얻은 차익을 시드머니seed money 삼아 주식 등에 투자해 돈을 불리면 되지 않느냐고 되묻는 이도 있을 것이다. 하지만 그 투자가 성공적일 것이라고 누가 보장할 수 있겠는가. 이는 또 다른 영역의 이야기다. 그러니 거주 중인 집의 가격이 좀 올랐다고 해서 '내가 부동산 투자에 성공했어!'라고 섣부르게 자만해서는 안 될 것이다.

반대로 집값이 유지 또는 하락한 경우를 가정해보자. 이런 상황에서는 집을 내놔도 팔릴 리 없고, 계속해서 대출이자를 갚아야 한다. 주택담보대출은 대체로 10~30년간의 장기 대출이므로 집에서 쫓겨나지 않으려면 부지런히 원리금을 갚아나가야 한다. 그리고 이자를 갚는 동안에는 근로소득이 절대 끊기면 안 된다. 적지 않은 금액이 대출이자로 빠져나가니 다른 투자를 시도하기가 쉽지 않다.

2020년 말에서 2021년 중반 사이에 집을 구입한 20~30대 젊은 층 중 상당수가 여기에 해당된다. 곧 우리나라 경제의 중심이 될 세대가 과도한 대출이자에 허덕이며 투자 기회도 투자 의지도 잃고 있는 모습에 마음이 편치 않다. 부를 쌓으려면 집에 대한 생각부터 바꿔야 한다. 지금 내가 거주하는 집은 소비재, 그것도 기회비용이 매우 큰 소비재임을 잊지 말자.

소유와 부의
관계에 대하여

부를 축적하기 위해 이해하고 인정해야 하는 사실이 하나 더 있다. 바로 '소유'가 부의 전부는 아니라는 것이다. 인생 전체를 보자면 완전한 소유란 존재하지 않는다. 단지 일시적으로 점유하고 있는 상태를 우리가 소유한다고 느낄 뿐이다. 지금 무엇을 가졌든 결국에는 나를 떠나게 되어 있다. '부'를 축적한다는 것이 일견 '금전'을 많이 소유하는 것처럼 보일 수 있다. 하지만 부의 축적은 언젠가 사라지고 마는 것이 아니라 끊임없이 누적되고 재생산된다는 점에서 소유와 구별된다.

거주하는 집 외에 다른 집을 소유하고 있다면 부를 축적한 걸까? 아파트를 10채, 20채씩 가지고 있는 사람은 부를 축적했다고 말할 수 있을까? 이 질문들에 대한 답은 그 아파트들을 단순히 소유한 것인지, 아니면 부를 축적하는 수단으로 쓰고 있는지에 따라 달라진다. 그저 주택을 여러 채 보유하고 있다는 것만으로 부를 이루었다고 할 수는 없다. 보유 중인 주택의 수를 늘리는 것은 어느 정도 노력하면 충분히 가능한 일이다. 우리나라의 전세 제도를 이용하면 된다. 전세가와 매매가가 거의 차이 나지 않는 아파트나 빌라의 경우 약간의 자금만 있으면 내 소유로 만드는 것이 그리 어렵지 않다. 마음만 먹는다면 10채, 20채를 소유하는 것은 금방이란 이야기다. 돈이 많지 않아도 소유는 늘릴 수 있다.

하지만 주택을 20채 넘게 가지고 있다고 해서, 그 가치가 수십억 원에 이른다고 해서 그 사람이 부를 축적했다고 단정하기는 어렵다. 2년 뒤에 약간의 가격 상승이 있을 것을 바라보고 수십 채의 주택을 보유했다가 매도한다면 수익을 얼마나 낼 수 있을까? 이는 과연 지속 가능한 수익 구조일까? 부의 축적에 있어서 주택을 많이 보유했다는 사실은 별 의미가 없다. 주택뿐만 아니라 금전적 가치를 지니는 모든 자산이 그렇다. 복권에 당첨되거나 유산을 상속받아 많은 돈을 소유하게 되더라도 이는 일시적이다. 축적의 과정이 이어지지 않는다면 결국 사라지게 된다. 아무것도 하지 않았는데 돈이 그냥 축적되는 일은 없다. 노력과 경험에 기반한 일련의 과정이 필요하다. 잠깐의 성공과 소유는 누구나 한 번은 이룰 수 있지만 부의 축적 단계에 이르는 것은 그렇지 않다.

소유와 부의 축적의 관계를 이해하려면 그 원인과 결과를 제대로 알아야 한다. 많이 소유했기 때문에 부를 축적한 것이 아니라 부를 축적했기 때문에 많이 소유할 수 있게 된 것이다. 똑같이 10채의 아파트를 가지고 있는 두 사람이 있다. A는 3년 만에 아파트 10채를 마련했다. 약간의 종잣돈에 전세 제도를 이용해 매매가와 전세가의 차이가 크지 않은 지역에 집중적으로 투자를 했다. 그렇게 매입한 10채의 아파트는 모두 전세로 세를 준 상태다. 매달 현금이 돌지는 않지만 A는 10채의 아파트를 보유한 수십억 원의 자산가가 되었다.

B도 아파트 10채를 보유하고 있다. 그런데 A와 달리 그는 그 10채를 마련하는 데 10년이 걸렸다. 첫 아파트를 사는 데 2년이 걸렸고, 이후 1년에 1채씩 추가로 매입했다. 아파트는 월세로 세를 주었다. 그렇게 6채를 보유하게 되자 월세 수입이 쌓여 나머지 4채를 매입하는 데는 2년밖에 걸리지 않았다. 현재 10채의 아파트는 모두 월세로 운용하고 있다.

A와 B는 모두 아파트 10채를 보유한 수십억대 자산가이지만 부의 축적의 관점에서 보면 둘은 엄연히 다르다. A는 아파트 10채를 소유한 상태일 뿐 부가 축적된 것은 아니다. 반면, B는 부를 축적한 결과로 10채의 아파트를 소유하게 되었다. 이 차이는 무엇을 의미하는 걸까? 한번 축적된 부는 외부 환경의 변화에 쉽게 영향을 받지 않는다. 부동산 시세가 떨어지면 A는 파산할 위험이 크다. 전세가와 매매가가 비슷한 아파트 여러 채를 단기간에 구입했으니 이 집의 전세금으로 저 집을 매입하는 방식이었을 텐데, 그런 상태에서 전세가보다 집값이 떨어지면 단순히 손해를 보는 수준에서 그치지 않

을 것이기 때문이다. 하지만 아파트 가격이 떨어진다고 월세가 현저하게 낮아지지는 않는다. 오히려 물가가 상승하면서 월세가 높아질 확률이 크다. 그러니 B에게는 집값 하락이 별문제가 아닌 것이다.

소유에 집착하지 말아야 한다. 1개를 가지고 있다고 해서 10개를 가진 사람을 부러워하며 조급해질 필요가 없다. 실속 없이 일시적으로 많이 소유하는 것에 의미를 두지 말자. 단 하나의 자산이라도 일련의 과정을 거쳐 부를 축적하면서 얻은 것이라면 그 의미가 더욱 크다. 의미 없는 10개의 자산보다 의미 있는 1개의 자산이 훨씬 중요하다. 의미 있는 자산은 훗날 나의 부를 지켜줄 튼튼한 기둥이 된다.

실속 없이 일시적으로

많이 소유하는 것에 의미를 두지 말자.

단 하나의 자산이라도 일련의 과정을 거쳐

부를 축적하면서 얻은 것이라면

그 의미가 더욱 크다.

'부자'의 기준,
'부'의 기준

'부자'와 '부자가 아닌 사람'을 구분하는 기준은 무엇일까? 어느 정도 자산을 가져야 부자라고 할 수 있을까? 결론부터 말하자면, 부자의 기준을 높게 잡는 것은 부의 축적에 도움이 되지 않는다. 우리의 목표는 자산이 많은 순서대로 1등부터 100등까지 순위를 매기고 그 안에 들어가면 성공, 아니면 실패라는 식이 아니다. 승자독식의 구조 속에서 1등이 되기를 독려하고 1등이 아니면 무의미한 것처럼 여기는 자본주의식 평가법을 스스로에게 적용할 필요는 없다. 보통 사람의 부의 축적에서는 순위를 매기는 일이 중요하지 않다. 각자의 상황과 개성에 따라 적절한 방법을 찾아서 부의 축적에 성공한 무수한 보통 사람들을 어떤 기준으로 나누어 평가할 수 있겠는가.

물론, 재산을 금액으로 산정했을 때 얼마 정도 되는지 또는 재산세, 종합소득세, 종합부동산세 등의 세금을 얼마나 납부하는지를 기준으로 삼을 수는 있다. 하지만 단지 그것만을 기준으로 부의 축적을 평가하기에는 한계가 있다. 간혹 20~30대의 젊은 나이에 경제적 성공을 이뤄 고가의 아파트에 살며 고급 외제차를 몰면서 이를 과시하듯 내보이는 사람들이 있다. 그들이 잘못했다거나 나쁘다는 이야기가 아니다. 고가의 아파트나 자동차는 그만큼의 성공을 위해 다른 이들보다 몇 배의 고통을 감수하고 노력해 얻은 그들의 성과다. 문제는 평범하고 소박한 일상을 살아가는 보통 사람들이 자신과는 다른 화려하고 윤택한 삶을 보며 부족함을 느끼고 의욕을 잃어버리는 일이다. 중요한 것은 무엇을 '부'의 기준으로 삼고, 어떤 목표를 설정하는가다. 남들보다 빠른 성공, 쉽게 넘볼 수 없는 가격의 집과 차 같은 것이 목표라면 그것을 이루기 전까지 행복할 수 없다. 부를 축적해나가면서도 목표를 달성하지 못해 괴롭다. 이는 목표를 물질에 두었기 때문이다. 물질이 주는 행복은 일시적이고, 목표를 이루고도 만족하기보다는 더 크고 좋은 것을 원하게 된다. 부의 축적 자체에 의미를 두고 행복을 찾아야 길고 험난한 과정도 인내하며 견딜 수 있다.

같은 직장에 다니는 A와 B를 예로 들어보자. 입사 10년 차 동기인 A와 B는 비슷한 가정환경에서 자랐고 사회생활의 출발점도 비슷했다. 처음에는 월세로 자취를 하다가 결혼을 하게 되면서 전세로 옮겼고, 열심히 돈을 모아 마침내 두 사람 모두 서울 강북구에 내 집을 마련했다. 차이가 있다면 A의 최종 목표는 강남에 입성하는 것이고, B의 최종 목표는 퇴직 후에도 친구들과 마음 편히 소주 한잔할 수 있을 만큼의 꾸준한 현금 흐름을 만드는 것이라는 점이다.

A는 소위 3급지에서 2급지로 옮겨가기 위해 회사에서 열심히 일하고 월급의 상당액을 대출이자로 지출한다. 그리고 주택담보대출에 신용대출까지 전부 끌어모아 마침내 2급지에 집을 마련하는 데 성공했다. 학군이 좋은 지역이라 자녀의 교육 환경은 우수했지만 대출이자를 내고 남은 월급으로는 동네 학원 몇 곳 보내기에도 빠듯하다. 마지막으로 저축을 한 것이 언제인지 기억이 나지 않을 정도다. 그래도 현재 집값 상승 추세를 보면 2년 정도만 더 노력하면 1급지로 이사할 수 있을 듯하다. A는 그 기대 하나로 하루하루를 버티고 있다.

A와 달리 B는 꼭 강남에 입성해야 행복할 수 있다고 생각하지 않는다. 현재 살고 있는 곳의 거주 환경이 나쁘지 않고 이웃들도 좋다. 대단하다는 강남권 학원에 미치지 못할지는 몰라도 나름대로 만족하며 자녀의 교육에도 애쓰고 있다. 집에 과도한 비용을 쓰는 것이 크게 의미가 없다는 것을 깨달은 B는 다른 방법으로 조금씩 부를 축적하고 있다. 지금 거주 중인 집에 계속 살면서 주거비를 고정화하고 근로소득의 일부를 투자해 추가 소득을 확보하는 데 집중하는 것이다. 현재 집을 마련하기 위해 이미 대출을 받은 터라 매월 대출이자가 고정적으로 지출된다. 하지만 충분히 감당할 수 있는 수준이다. 당장 적절한 투자처가 없다면 저축을 우선시하기로 마음먹고,

생활비를 제외한 남은 돈은 모으고 있다. 그렇게 목돈을 마련하는 동안 투자 공부를 하고 자신에게 알맞은 투자처를 찾아다닌다. 대표적인 투자 대상인 주식과 부동산만 보더라도 제대로 알려면 배워야 할 것이 수없이 많다. 아직 마땅한 투자처를 찾지는 못했지만 목표를 이룰 것이라는 확고한 믿음 아래 자신의 길을 가고 있다.

실제로 오늘날 한국의 많은 20~30대가 A와 같은 방식으로 자산을 관리하고 있다. 그러나 서울의 집값은 꾸준히 상승하고 있으므로 대출을 끌어모아 집을 사도 얼마 지나지 않아 집값이 대출 원금에 이자를 합한 것보다 더 비싸진다. 이런 방식에는 특별히 복잡하거나 깊이 있는 공부가 필요하지 않다. 시세가 꾸준히 오르는 지역은 정해져 있고, 모을 수 있는 최대한의 자금을 조달해서 매입한 뒤 원하는 금액만큼 오를 때까지 기다리면 된다.

하지만 이런 식으로 1가구 1주택을 유지하면서 대출이자에 허덕이며 버티고 버티다가 강남에 입성한들 무슨 의미가 있겠는가? 집 한 채 마련하는 데는 성공했다고 해도 하루아침에 소득이 몇 배씩 뛰지 않는 이상 그 지역의 생활패턴과 씀씀이를 맞추기는 현실적으로 어렵다. 이웃들처럼 소비하며 생활하다간 몇 달을 지내지 못하고 파산할지도 모른다. '주변을 따라 하지 않으면 그만이다!'라고 말할 수도 있겠지만 그 지역에서 학교를 다닐 자녀들은 어떨까? 친구들 사이에서 소외되지 않도록 모두 맞춰줄 수 있을까? 소득 수준에 맞는 생활환경이 중요하다고 하는 데는 다 이유가 있다.

그렇다면 A가 강남 거주를 포기하고 아파트를 팔았다고 해보자. 상당한 차액이 발생할 텐데, 그럼 A는 이제 부를 축적한 것일까? 그렇지 않다. 차액 중 상당 부분은 대출 원금을 상환하는 데 들어갈 것이고, 새로 이사할 집을 마련하는 데에도 많은 자금이 필요하다. 그래도 돈이 남았다면, 드디어 부가 축적된 것일까? 이번에도 아니다. 그저 매매 차액의 일부가 통장에 입금되었을 뿐이다. 그 돈으로 외제차를 구입하고 가족들과 명품 쇼핑을 즐길 수는 있다. 그렇지만 평생을 여유롭게 살 수는 없을 것이다. 그 돈은 이미 다 써서 사라진 뒤일 테니 말이다.

여기서 A가 진정한 부의 축적을 이룰 것인지는 아파트 매도 차액이 통장에 입금되었을 때 그 돈을 어떻게 운용하느냐에 따라 결정된다. 부의 축적은 단시간에 이루어지지 않는다. 자신에게 맞는 투자 방법을 찾고, 고민하고, 실행해보기도 하면서 통장 잔고가 실제로 늘어가는 것이 눈으로 보여야 한다. 다른 사람이 정해놓은 부자의 순위나 물질적인 기준에 얽매이지 말자. 내 머릿속 투자법이 현실화되는 것이 곧 성공이다. 꼭 남들이 들으면 입이 떡 벌어질 만큼의 자산을 보유해야만 성공하는 것이 아니다. 작아도 꾸준히 늘어가는 나의 부를 확인하면서 그것을 극대화하는 데 에너지를 쏟다 보면 한때 부러워하던 부가 어느새 내 눈앞에 와 있을 것이다.

인내심,
잘 모으고 잘 지키는 힘

2008년 리먼브라더스 사태 이후 미국은 양적 완화를 실시했다. 2014년 10월에 3차 양적 완화가 종료되었고 엄청난 양의 자금이 시장에 풀리면서 한국에도 큰 영향이 미쳤다. 풍부해진 단기성 자금이 부동산과 주식으로 몰리며 자산 가치가 크게 급등했고, 투자자들이 많은 수익을 얻었다. 이런 시기를 겪어본 20~30대는 저축의 필요성을 크게 느끼지 못한다.

월급을 쪼개어 저축하는 것보다 대출을 얻어 주식에 투자하면 레버리지 효과로 상당한 이득을 볼 수 있었다. 부동산도 마찬가지다. 열심히 모아서 집을 사려고 해도 몇 달 사이에 수천만 원씩 오르는 집값을 도저히 감당할 수 없다. 차라리 무리해서 대출을 받아 하루라도 빨리 내 집을 마련하는 것이 낫다. 이런 상황에서 사람들은 말한다. "허리띠 졸라매고 돈을 모아서 집을 사는 건 어리석은 일이다. 저축하는 사람은 시대에 뒤떨어져 보인다."

하지만 이 역시 큰 착각이다. 화폐가치가 아무리 떨어져도 일단 돈을 모아놔야 투자도 하고 자산도 늘릴 수 있다. 저축은 부를 축적하기 위한 필수 요소다. 돈을 많이 벌어서 부가 축적되는 것이 아니다. 부를 축적하게 만드는 것은 다름 아닌 인내심이다. 돈을 많이 벌어야만 부자가 된다는 생각은 버리는 것이 좋겠다. 돈을 아무리 많이 벌어도 저축 없이는 부가 축적될 수 없다. 저축은 단순히 돈을 모으는 과정이 아니다. 저축은 곧 자제력 훈련이다. 얼마나 모을지 목표를 세우고 그것을 달성했을 때 작지만 성공의 쾌감을 맛볼 수 있다. 성공의 크기가 작아 보여도 이를 이루는 데는 상당한 인내심이 필요하다. 목표 금액에 도달하기까지 무수한 유혹과 예기치 못한 돌발 상황을 이겨내야 하기 때문이다.

처음에 1,000만 원을 목표로 잡았다면 그 절반인 500만 원을 모을 수 있느냐 없느냐에 따라 저축의 성패가 갈린다. 500만 원을 넘어서는 순간부터 결심을 흔들리게 하는 유혹들이 시작된다. 500만 원이면 다시 처음부터 모은다고 해도 크게 부담스럽지 않은 금액이다. 지금 사고 싶은 것을 좀 사도 목표를 달성하기가 어렵지 않을 것 같은 마음이 든다. 그렇다 보니 500만 원을 넘기기가 생각보다 쉽지 않다. 500만 원을 넘기면 1,000만 원까지 모으기가 수월해지지만 매번 다시 처음으로 돌아가게 되는 것이나. 이 '500만 원의 고비'를 잘 넘겨 1,000만 원을 모으는 데 성공했다면 다음 목표는 3,000만 원, 그다음은 5,000만 원, 그다음엔 1억 원을 목표로 저축을 해봐야한다. 1억 이상의 금액이 모이면 이제 자산이 스스로 몸집을 불려나가도록 만들어야 하기 때문에 저축의 상한선은 1억 원이 적당하다.

온전히 자신의 노력으로 1억 원을 모아본 사람과 그렇지 않은 사람 사이에는 보이지는 않지만 큰 차이가 있다. 보통 사람이 1억 원을 모으려면 최소 5년의 시간이 걸린다. 그는 1억을 위해 수많은 1,000만 원을 모았을 것이고, 그 과정에서 맞닥뜨린 수많은 유혹과 돌발 상황을 이겨내야 했을 것이다. 여기서 알 수 있듯, 저축은 그 자체로 부의 축적을 위한 연습이자 수련이다. 수입보다 지출을 줄여가며 검소하게 생활해야 저축을 할 수 있다. 시중에 단기성 자금이 아무리 많이 풀려도, 그래서 화폐가치가 아무리 떨어져도 저축이 중요한 이유가 여기에 있다.

우리는 저축을 통해 자제력과 인내심이라는 내면의 힘을 키울 수 있다. 1억 원을 직접 모아본 사람은 어떤 투자에도 신중히 임한다. 몇 년간 고생해서 모은 돈을 함부로 쓸 수는 없으니 당연하다. 노력한 만큼 진지하게 투자 공부를 한 다음 실행에 옮긴다. 신용대출을 받아 1억 원을 만든다면 1억 원을 저축한 사람보다 5년 먼저 투자 시장에 뛰어들 수는 있다. 하지만 부의 축적은 평생에 걸쳐 순차적으로 단계를 밟아 진행해야 하는 것이므로 인내심을 수행하는 것이 몇 년 일찍 이익을 내는 것보다 중요하다.

저축이 주는 또 하나의 선물은 자극이다. 저축의 과정은 참으로 재미없고 고단하다. 돈이 늘어나는 속도는 생각보다 더디고, 액수가 크게 늘지도 않는다. 저축만으로는 절대 부자가 될 수 없다는 말은 맞는 말이다. 아마도 처음 몇 달 동안은 제자리에서 맴도는 기분에 괴로울 것이다. '남들은 대출을 끌어모아 부동산이나 주식에 투자해서 벌써 엄청난 수익을 올리고 있다는데, 과연 이게 맞는 방법일까? 나만 바보처럼 굴고 있는 건 아닐까?' 하는 생각이 꼬리에 꼬리를 물며 자괴감과 허무함에 빠져든다.

그런데 역설적이게도 이 자괴감이 투자 욕구를 촉발하는 자극이 된다. 저축을 해보지 않으면 투자를 해야겠다는 생각도 크게 들지 않는다. 현재의 소비 습관에 익숙해져 만족하고 있기 때문에 미래를 위한 투자의 필요성이 마음에 와닿지 않는 것이다. 그러다 어떤 계기로 저축하게 되면 두 번 놀라게 된다. 한 번은 절약하며 느껴야 하는 인내의 고통에 놀라고, 그 고통에 비해 빈약한 잔고에 한 번 더 놀란다. 결과적으로 투자를 통해 빈약한 잔고를 늘리고 싶은 욕구를 가지게 된다. 대출을 끌어모아서 투자에 성공한 사람들은 '투자'라는 행동이 있었기 때문에 열매를 얻을 수 있었던 것이다. 저축의 열매는 인내심과 자제력이다. 만약 저축해서 만든 목돈으로 투자를 했다가 실패하더라도 그동안 인내하며 갖춘 올바른 소비 습관은 사라지지 않는다.

저축의 방법은 사실 특별할 것이 없다. 수입이 들어오면 그중 저축할 금액을 다른 통장에 옮기고 남은 금액으로 생활하면 된다. 많은 사람들이 이 순서를 거꾸로 하기 때문에 문제가 생긴다. 소득에서 생활비와 카드 대금, 월세 등을 제하고 남은 금액을 저축하려 하기 때문에 돈이 모이지 않는 것이다. 저축할 금액을 빼고 남은 금액으로 생활하라. 그렇게 생활하는 것도 부의 축적을 위한 과정이고 수행이다. 저축할 금액을 빼고 남은 금액으로 생활하기. 간단하지만 제대로 실천하기는 쉽지 않다.

물속에서 숨 쉬는 법도 제대로 몰랐던 나는 1년 동안 꾸준히 수영 강습을 들으며 초급반에서 중급반으로, 다시 상급반으로 올라갔다. 그 결과 지금은 50분 동안 50미터 레인을 쉬지 않고 20번 왕복할 수 있게 되었다. 이 정도 수준에 이르기 위해 10미터, 20미터씩 짧은 구간을 수없이 반복해 오가며 조금씩 한계를 늘려나갔다. 숨이 넘어갈 듯한 순간을 참아내고 한 발 더 내디뎠을 때 한계를 뛰어넘을 수 있다. 그 극복의 순간을 수없이 거듭한 끝에 비로소 목표한 수준에 도달할 수 있다. 나는 저축의 과정 역시 이와 같다고 생각한다. 누구나 힘든 상황에 처하면 적당히 타협하고 다음을 기약하고 싶어진다. 잠시 멈춰 쉬었다 가는 것이라 스스로에게 말하면서 말이다. 하지만 타협하는 시점부터 뒤로 물러나게 된다. 목표와는 멀어지고 쉬었던 것의 두 배로, 혹은 그 이상으로 고되고 지루한 시간을 견뎌야 한다.

리스크는
무조건 피해야 할까?

일반적으로 사람들은 리스크를 싫어하고, 돌발적인 상황에 불쾌감과 불안을 느낀다. 그래서 리스크에 대비하고 보험도 든다. 그렇지만 모든 리스크를 피하는 것은 불가능하다. 특히나 부를 축적하는 과정에는 늘 리스크가 동반된다. 리스크가 없으면 수익도 없고, 부를 쌓을 수도 없다. 이때 리스크를 받아들이는 태도가 부를 결정한다. 리스크는 무조건 피해야 하는 것이 아니라 현명하게 관리해야 하는 것이다. 수익은 그만큼의 리스크를 동반하는 경우가 많다. 작은 리스크로 큰 수익을 얻길 바라는 것은 투기에 가깝다. 5,000원으로 복권 한 장을 사서 수십억 원에 당첨되기를 바라는 것을 '투자'라고 말하지 않는 것도 이와 같은 맥락에서다.

리스크를 피하려는 태도는 투자의 폭과 질을 한정하고 부의 축적을 방해한다. 주식과 펀드를 예로 들어보자. 주식 투자에서 수익을 내려면 직접 주식을 사고팔아보면서 리스크를 감수하고 관리할 수 있어야 한다. 주식 시황을 확인하고 개별 종목을 공부하면서 수익률도 치밀하게 분석한다. 반면, 증권사의 펀드를 구입하면 전문가가 나의 리스크를 대신 관리해준다. 그 대가로 수수료를 지불해야 하니 리스크가 줄어든 만큼 수익도 줄어든다. 매월 적금을 붓는 것보다는 펀드 수익이 더 낫겠지만, 부의 축적에 있어 유의미한 도움이 되지는 않는다. 부동산 투자도 마찬가지다. 부동산 펀드나 리츠 등에 투자하는 것은 일견 합리적으로 보인다. 소액으로 가입이 가능한 데다 담당 전문가가 리스크를 관리해주기 때문이다. 물론, 정형화되어 출시된 투자 상품을 구입한 것이 나쁘다는 것은 아니다. 여유자금을 활용해 예금이자보다 높은 수익을 낼 수 있다면 분명 좋은 일이다. 다만 이를 통해 부의 축적을 바라기는 어렵다.

리스크를 잘 정돈하여 출시한 상품들은 그 수익이 제한적이다. 무엇보다 그런 방식의 투자를 통해서는 위험을 관리하며 스스로 교훈을 얻거나 기술을 습득할 수 없다. 장기적인 부의 축적을 위해서는 적은 돈이라도 직접 투자하는 것이 낫다. 돈을 잃을 수도 있고 돈이 묶일 수도 있겠지만, 그 리스크를 고스란히 체험하며 배워야만 나중에 올바른 선택을 하고 기회를 놓치지 않을 수 있다. 리스크를 관리해보지 않고 부를 축적할 방법은 없다.

위험을 피하기만 하는 것과 끌어안은 채 관리해보는 것은 다르다. 리스크를 피해야 할 문제로만 볼 것인가, 아니면 이를 직면하고 기회로 삼을 것인가? 부를 축적하기 위해서는 리스크를 적극적으로 관리하려는 자세가 필요하다. 리스크로 보게 될 손해보다는 그것이 가져올 수익과 성장에 집중해야 한다. 나의 경우를 예로 들면, 주택 임대사업을 하면서 공실과 임차료 연체라는 리스크를 맞닥뜨리게 되었다. 공실은 임대료의 단절이고, 임대사업자의 입장에서는 수익이 차단되는 것이다. 기업으로 치면 매출이 발생하지 않는 셈이니 치명적인 위기 상황이라 하겠다. 대출이자나 관리비 등 고정비용이 발생하는 중에 공실이 발생하면 시간이 갈수록 계속해서 피해 액수가 커진다. 임차인이 들어와서 공실은 면했더라도 임차료가 연체되면 공실과 다름없는 피해가 발생한다. 임차인을 함부로 내보낼 수 없고, 명도소송을 진행하더라도 6개월에서 길게는 1년가량 소요되기 때문에 그 비용까지 감안하면 공실과 피해 규모가 비슷하다.

그러나 나는 공실이나 임대료 연체가 두려워 임대사업을 접거나 사업 규모를 줄일 생각을 해본 적이 없다. 대신 그 리스크를 어떻게 극복할 것인가에 주목했다. 공실이 생기는 근본적인 원인은 '경쟁력의 부재'다. 남들과는 다른 경쟁력을 확보하지 못했기 때문에 임차인의 선택을 받지 못한 것이기 때문이다. 지어진 지 15년 이상 된 아파트를 매입했던 때의 일이다. 구축이긴 하지만 가격 대비 월세가 높게 형성되어 있는 아파트 단지를 발견하고, 해당 단지에 10채를 확보하는 것을 목표로 집중적으로 매입했다. 월세를 어느 정도로 잡아야 공실률을 양호한 수준으로 관리할 수 있는지 확인하기 위해 한 채씩 구입한 뒤 도배를 새로 하고 장판도 교체해서 월세 매물로 내놓았다. 그런데 워낙 구축이기 때문에 해당 아파트 단지의 다른 임대인들도 벽지와 장판을 교체해서 내놓는 터라 그것만으로는 경쟁력이 되지 못했다.

나는 포기하지 않고 이 리스크를 어떻게 극복할 수 있을지 거듭 고민했다. 그러다 눈에 들어온 것이 바로 화장실이었다. 보통 구축 아파트의 화장실에는 일체형의 긴 세면대와 욕조가 설치되어 있다. 이 일체형 세면대만 바꿔도 구축의 분위기를 많이 걷어낼 수 있다. 세면대는 최근 많이 사용하는 반다리형 세면대(배관이 밖으로 드러나지 않는 형태로 벽면에 부착하여 설치한다)로 교체했다. 구축 아파트를 수리할 때 욕조를 없애는 경우도 많지만 나는 욕조를 새로 페인팅하는 방법을 선택했다. 세면대 교체와 욕조 페인팅은 유튜브를 보고 방법을 익힌 뒤 직접 작업했다. 이 두 가지 작업만으로도 화장실의 분위기가 완전히 달라진다. 화장실 리모델링은 업체에 맡기자니 비용이 많이 들고 직접 작업하기엔 번거로워 대부분의 임대인들이 쉽게 손대지 않는다. 나는 작업 방법을 익히고 직접 시공하는 수고가 필요하지만 이를 통해 비용을 아낄 수 있다면 분명한 경쟁력이 되리라 생각했다. 현재까지 공실이 없는 것을 보면 나의 판단이 틀리지 않았음을 알 수 있다.

공실 리스크는 이렇게 해결되었다. 그렇다면 임차료 연체의 리스크도 관리할 수 있을까? 임차료 연체를 관리하는 방법은 의외로 간단하다. 보증금을 높이면 임차료가 연체될 수 있는 잠재적인 악성 임차인을 제법 걸러낼 수 있다. 아파트 단지별로 보증금과 월세의 시세는 어느 정도 정해져 있다. 다수의 부동산이 거래되는 금액이 시세가 되는데, 내 부동산이 같은 단지 내 다른 부동산보다 월등하게 좋은 점이 없다면 시세대로 매물을 내놓아야 거래가 성사된다. 이때 보증금을 20~50% 정도 올리고 월세를 그만큼 낮추면 상대적으로 자금력이 있는 임차인과 접촉할 수 있다. 보유한 자금이 여유로운 사람이라면 보증금을 조금 높이더라도 월세를 낮춤으로써 다달이 나가는 고정비용을 줄이려 할 것이기 때문이다. 다만 보증금을 무한정 낮출 수는 없으므로 하한선도 정해야 한다. 약 2년 치의 월세 수준이 적당하다. 이렇게 보증금을 설정하면 그만큼을 감당할 수 있는 사람과만 계약을 맺을 수 있다. 그 정도의 자금을 마련할 수 있는 임차인은 웬만한 사정이 생기지 않는 이상 월세를 밀리는 경우가 없다.

위험을 관리하는 데 있어 주의해야 하는 것은 눈앞의 문제만 바라보는 태도다. 문제를 지나치게 크게 인식하면 앞으로 나아갈 수 없다. 지레 겁을 먹고 피하게 된다. 손실에만 집중하면 성공했을 때 얻을 수 있는 수익과 성장을 보지 못한다. 부를 축적하려는 사람은 위험을 보고 성장을 기대할 줄 안다. 능력이 부족하면 이를 끌어올리기 위해 노력하고, 긍정적인 확신을 바탕으로 창의성을 발휘한다. 남들이 보지 못하거나 지나친 기회를 잡는다. 늦은 밤, 차들이 빼곡히 주차된 아파트 지하주차장을 뱅글뱅글 돌다 보면 어떤 사람은 차를 댈 곳이 전혀 없다며 포기하지만 누군가는 남들이 발견하지 못한 자리에 안전하게 주차한다. 침체된 상권 사이에도 유독 잘되는 상점은 반드시 존재한다. 남들이 보지 못했거나 보고도 지나쳤던 기회를 찾는 습관을 가지자. 끊임없이 기회를 모색하고 위험을 감수하는 태도가 부의 축적을 결정짓는다.

혹여 그 위험으로 인해 상황이 좋지 않은 방향으로 흘러가게 되더라도 그것에 꺾일 필요는 없다. 기회는 한 번으로 끝나지 않는다. 똑같은 기회는 없어도 또 다른 기회는 있다. 그것을 알아보는 눈이 부족할 뿐이다. 위험이 주는 실패에 의미가 있다면 겸허히 받아들일 줄도 알아야 한다. 리스크를 관리하기 위해 치열하게 공부하고 부지런히 행동하며 최선의 선택을 했음에도 실패했다면 그 실패에는 분명 의미가 있다. 최선을 다한 후의 실패는 어려움을 극복하는 과정이다. 그것을 잊지 않는다면 다음 기회는 반드시 온다.

손실에만 집중하면 성공했을 때

얻을 수 있는 수익과 성장을 보지 못한다.

부를 축적하려는 사람은

위험을 보고 성장을 기대할 줄 안다.

인생 역전의
멋진 '한 방'은 없다

어떤 특별한 순간이 있어야만 부가 축적되는 것은 아니다. 직장에 다니면서 18채의 주택으로 임대사업도 하고 있는 나를 보며 사람들은 신기해하곤 한다. 대개는 대단한 투자를 해서 큰 수익을 낸 다음 그 돈으로 많은 부동산을 구입했을 거라 짐작하고, 그 방법을 궁금해한다. 평범한 직장인이 임대소득으로 매월 수백만 원씩 수익을 얻는다고 하면 어떤 극적인 이벤트가 있었을 것이라 예상하는 것이다. 예를 들면, 경매로 건물을 싸게 샀다거나 주식 투자를 잘해서 대박이 났다거나 하는 이벤트들 말이다. 그러나 내게 그런 일은 일어난 적이 없다. 나의 성향에 임대사업이 잘 맞았고, 그것에 집중했을 뿐이다. 부동산을 한 채씩 늘려가는 과정은 생각보다 더욱 재미있었고, 현재 임대소득만으로 다음 부동산을 구입할 수 있는 규모로 성장한 것은 그 과정이 거듭되며 만들어진 결과물이다.

이때 원인과 결과를 혼동하면 곤란하다. 단 한 번의 결정이나 행운으로 이뤄지는 결과는 없다. 다시 말해, 인생을 역전시켜줄 만한 '한 방'은 없다는 이야기다. 부의 축적에 있어 소위 '신의 한 수'는 없고, 이를 바라는 것은 오히려 부의 축적을 방해하고 왜곡한다. 신의 한 수를 기대하다 보면 자신의 현실을 냉철하게 판단하지 못하고 지금 나와 같은 보통 사람들이 유행처럼 하는 투자를 맹목적으로 따라다니게 된다. '누구는 대출을 끌어모아 주식에 올인해서 대박을 쳤다더라', '누구는 생활형 숙박시설에 투자해서 매달 들어오는 월세가 쏠쏠하다더라' 하는 검증되지 않는 정보들에 휩쓸리기 쉽다.

투자에도 유행이 있다. 이를 단번에 알 수 있는 곳이 바로 서점이다. 사람들이 가장 많이 돌아다니며 눈에 잘 띄는 진열대에 어떤 책이 올라와 있는지 보면 지금 어떤 투자가 유행하는지 읽힌다. 주식시장이 활황이고 한창 투자 수요가 많아지는 때에는 그 진열대에 주식 투자 책들이 많이 보일 것이다. 암호화폐가 대세인 시기에는 비트코인 관련 책들이 많고, 부동산이 화두라면 이를 알려주는 책들이 놓여 있다. 어떤 투자를 새롭게 시작할지 말지 고민하고 있다면 당장 서점에 가보자. 내가 하려는 투자가 지금 유행하는 것인지, 그렇다면 내가 단지 유행에 이끌려 관심을 가지게 된 것은 아닌지 냉정하게 숙고해봐야 한다.

한때 분양형 호텔 투자가 유행이었던 적이 있다. 당시 새롭게 등장한 형태의 투자라서 나 역시 관심을 가지게 되었다. 코로나 사태가 일어나기 전이라 해외에서 유입되는 관광객이 해마다 늘어나고 있었고, 내국인의 여행 수요도 증가해 숙박시설이 부족한 상황이었다. 여기에 한류 열풍까지 가세하여 호텔 수익의 전망이 밝았다. 수백억, 수천억 원짜리 호텔을 지을 수는 없어도 그중 한 객실을 내 것으로 만들 수 있다는 사실이 매력적이기도 했다. 그런데 분양대행사를 찾아가 설명을 들어보니 펀드 상품과 유사하다는 생각이 들었다. 확정된 이율로 이자를 지급하고 위험도가 낮음을 소개하는 일련의 과정이 잘 짜인 시나리오 같았다. 상품 같은 투자에 거부감이 들어 실행하지 않았다. 생산과 소비의 관점에서 보면 부를 축적하는 사람은 생산자이지 소비자가 아니다. 투자 '상품'에 투자하는 것은 결국 소비 행위다. 어떤 투자 상품도 그것을 설계한 사람이 짜놓은 일정한 수익을 초과한 수익을 가져다주지 않는다. 생산자로서 투자를 설계하지 않는 이상 소비자로서의 투자에는 한계가 있다.

대부분의 유행이 그렇듯, 투자의 유행도 그 주기가 그리 길지 않다. 유행이 끝나면 비로소 그 투자 상품의 폐해가 드러난다. 실제보다 부풀려진 수익률과 예상치 못한 문제들로 피해가 발생하기 시작하는 것이다. 남들이 다 하는 투자를 나만 하지 않으면 홀로 뒤처질 것 같고, 그 흐름에 합류해야만 부자가 될 것 같아 조급해지는 마음을 이해할 수 없는 것은 아니다. 하지만 유행하는 상품에 올인해서 극적인 수익을 실현하는 것으로는 부가 쌓이지 않는다. 지금 조급함을 느끼고 있다면 투자 상품을 팔기 위해 사람의 심리를 교묘히 자극하는 상술 때문일 확률이 높다.

과거의 좋은 기회를 되새기기보다는 미래의 성장에 몰두하는 것이 훨씬 생산적이다. '그때 그렇게 투자했더라면 지금쯤 부자가 되었을 텐데' 하는 생각이 어떤 도움이 되겠는가? 한두 번의 성공으로 미래를 약속할 수는 없다. 투자 상품의 실제 수익률은 투자자의 기대 수익률보다 언제나 낮다는 것을 기억하자.

'인생은 한 방!'이라는 말을 신조 삼아 살면서 정말 한 방을 크게 터뜨리면 이후의 삶이 행복할까? 노력 없이 터진 한 방은 오히려 독약이 된다. 그 한 방을 잊지 못해 위험한 투자에 매달리기 쉽고, 큰 리스크에 실패를 거듭하게 된다. 그렇게 몇 번씩 실패하면서도 한 방 터지기만 하면 다 회복될 것이라는 마음에 쉽게 손을 떼지 못한다. 마치 도박 중독자가 되어가는 과정과 같다. 도미노가 주르륵 쓰러지듯이 이전 투자가 성공했으니 다음 투자도 무조건 성공하리란 보장은 어디에도 없다. 1번, 2번, 3번 도미노까지 잘 넘어가서 모든 자산을 털어 넣었는데 5번 도미노가 쓰러지지 않는다면 어떻게 할 것인가? 매번 100% 확률로 성공하는 투자란 존재하지 않는다.

투자는 도미노가 아니다. 다음의 실패를 대비해 자금을 비축해야 한다. 확실하다는 것은 리스크가 없다는 뜻이고, 리스크가 없는 투자에는 수익도 없다. 리스크와 수익 사이의 적정한 균형을 유지하는 것이 무엇보다 중요하다. 앞으로 살아가며 투자의 기회는 계속 찾아올 것이다. 당장의 조급함에 떠밀려 남들보다 빨리, 더 많은 부를 쌓기 위해 경쟁하듯 올린 투자의 탑은 작은 충격에도 허무하게 무너지고 만다.

부를 이루는 가능성은 경험에서 나온다. 작은 돈이라도 직접 모아보고 만들어본 사람에게 부를 축적할 자격이 생긴다. 남들과 비교하며 더디게 늘어나는 자산에 좌절할 필요 없다. 자산은 차근차근 단단하게 쌓아가는 것이다. 그렇게 한 단계씩 밟아가다 보면 자연스레 변곡점을 지나 자산이 스스로 그 규모를 늘리게 되는 순간이 온다. 혹자는 '한두 푼 모아서 어느 세월에 경제적 자유를 이루느냐'라고 묻는다. 맞는 말이다. 한두 푼씩 모아서는 엄청난 부를 쌓을 수 없다. 하지만 그 과정을 무시하면 부의 축적은 아예 불가능하다.

진정한 성공은
지속 가능한 것

부의 축적은 단 한 번의 성공으로 이뤄지지도, 단 한 번의 실패로 좌절되지도 않는다. 성공이라고 여겼던 것이 성공이 아닐 때가 있고, 실패라고 생각했던 것이 실패가 아닐 때도 있다. 실패라고 믿어왔던 일이 훗날 성공의 계기가 되기도 한다. 부의 축적을 원한다면 나만의 기준으로 성공과 실패를 바라볼 수 있어야 한다. 돈을 벌면 성공이고 아니면 실패라는 구분은 그 복잡한 관계를 이해하기에는 너무 일차원적이다.

아파트 분양권 투자로 한 번에 수천만 원의 수익을 얻었던 적이 있다. 요즘처럼 규제가 심하지 않고 몇 달 사이에 집값이 수천만 원씩 오르던 시기였기에 가능했던 일이다. 큰돈을 벌기는 했지만, 나는 이 경험이 성공이 아닌 '좋은 실패'라고 생각한다. 분양권 투사는 내게 맞는 방식이 아님을 깨달았기 때문이다. 분양권의 가격은 불안정하다. 매도하려는 시기에 다른 분양권들과 경쟁하기에 동·호수가 불리하다면 매도되지 않고 가격도 떨어진다. 이 경우 분양권 구입에 들어간 자금이 고스란히 묶여버린다. 쉽게 현금화되지 않으니 좋은 투자처가 생겨도 쓸 수가 없다. 나는 현금 흐름 위주의 투자를 지향하는데, 싸게 사서 비싸게 파는 장사꾼식 투자를 했으니 어찌 보면 예견된 일이었다. 분양권 투자를 몇 번 더 하면 더 많은 돈을 벌 것 같았지만 미련 없이 그만두었다. 수익을 냈는가의 기준으로 따지자면 성공이겠지만 내가 추구하는 부의 축적 과정에서 보면 실패였다.

수익만 좇는 성공을 추구하다 보면 몇 번을 성공해도 한 차례의 실패로 모든 것을 잃고 만다. 만약 내가 그때 분양권 투자를 이어갔으면 어떻게 되었을까? 과연 지금보다 많은 자산을 쌓았을까? 내 성격상 그러기는 힘들었을 것이다. 분양권을 구입하는 데는 자금이 필요하다. 몇 번 투자를 해서 계속 성공했다면 수익의 극대화를 위해 고가의 아파트로 눈을 돌렸을 것이다. 그리고 그 분양권을 사기 위해 모든 자금을 끌어모아 투자했을 것이다. 이때 세금을 절세하여 매수차익을 극대화하려면 1가구 1주택을 유지해야 한다. 살던 집을 팔고 전세나 월세로 전환해야 한다는 의미다.

월세와 전세를 오가는 불안한 생활을 감수하고 거의 전 재산을 들여 고급 아파트의 분양권 하나를 구입했다고 해보자. 실제로 차익을 얻었다고 할 수 있을까? 그렇지 않다. 수익은 내가 산 분양권을 누군가 더 비싼 가격에 구입해갔을 때 생기는 것이다. 여기에는 변수가 많다. 비슷한 시기에 쏟아진 분양권들의 경쟁 속에서 시세가 어떻게 형성되느냐에 따라서도 수익이 달라지고, 대출 규제 등으로 예기치 못한 상황이 펼쳐질 수도 있다. 분양권 상태에서 매도했을 때 매수자는 그 분양권으로 잔금대출을 받아 입주하는 경우가 많다. 그런데 정부가 잔금대출을 규제하여 대출을 받지 못하면 문제가 생기니 분양권을 매수하길 꺼리게 된다. 팔리지 않는 분양권은 고스란히 부담으로 남는다. 중도금 대출이자 같은 지출도 상당하다. 만약 지정된 입주일까지 입주하지 못한다면 10% 이상의 연체료까지 감당해야 한다.

1년에 한 번 분양권 투자의 기회가 주어진다고 가정해보자. 10년이면 10번의 기회가 있을 것이다. 9번 분양권 투자에 계속 성공했더라도 마지막 10번째에 실패한다면 그간 모은 재산이 전부 날아가버린다. 결과적으로는 실패인 것이다. 물론, 분양권 투자에서도 자신만의 방법으로 성공하는 사람은 있다. 여러 번의 실패를 거듭하며 지식과 정보, 노하우를 습득해 9번째나 10번째 투자에는 크게 성공을 거두고 이전의 실패를 만회하기도 한다. 합법과 불법과 편법의 경계에서 신묘한 기술로 돈을 버는 사람도 있다.

다만, 수익 그 자체에 성공의 의미를 두는 것은 경계해야 한다. 높은 수익을 내는 것만이 성공적인 투자는 아니다. 중요한 것은 그 투자 방법이 내게 잘 맞는지에 달려 있다. 내게 잘 맞는 것이라 판단된다면 당장은 어려움과 리스크가 따르더라도 극복해나가며 꾸준히 지속해야 한다. 그럴 수 있다는 자신감이 드는 투자가 내게 맞는 것이다. 성공적인 투자란 지속 가능해야 한다. 외부의 변수들을 잘 관리하고 조절하며 꾸준한 수익을 내는 것이야말로 부의 축적을 이끌어주는 성공이다. 자신에게 맞는 투자법을 찾아 수익을 낸다면 더 바랄 것 없는 성공이고, 그렇지 않은 방법으로는 아무리 많은 수익을 얻어도 진정한 성공이 아니다.

성공적인 투자란 지속 가능해야 한다.

……………………………………………………………………

외부의 변수들을 잘 관리하고 조절하며

……………………………………………………………………

꾸준한 수익을 내는 것이야말로

……………………………………………………………………

부의 축적을 이끌어주는 성공이다.

……………………………………………………………………

STEP 2
정립

튼튼하게 자라날
부의 씨앗을
발견하는 방법

우리 모두는 저마다 부의 씨앗을 가지고 있습니다. 그것을 잘 보듬어 키워낸다면 미래의 삶을 지탱하는 튼튼한 나무가 되어줄 겁니다. 그러나 대부분의 사람들은 이를 발견하지 못한 채 지나치고 맙니다. 엉뚱한 곳에 돈과 시간을 낭비하고 후회로 시간을 보내는 사람들의 이야기를 우리는 종종 마주합니다. 내게 주어진 부의 씨앗을 놓치지 않고 포착하려면 익숙한 것을 새롭고 다르게 보는 시각을 가져야 합니다. 부의 축적을 위한 교훈과 깨달음은 일상 속 작은 것, 정말 사소한 것들에 숨겨져 있답니다. 앞서 부와 자산에 관련된 흔한 오해와 착각을 바로잡고, 부의 축적을 방해하는 것들을 비워보았습니다. 이제 그 빈 공간을 잘 채워볼 차례입니다. 부를 쌓기 위해 갖춰야 하는 생각과 행동으로는 무엇이 있을까요? 이를 올바르게 정립해봅시다.

체인 조각 하나가 망가뜨린 엔진톱에서 배운 교훈

지난 2018년, 나는 전북 부안에 농지를 구입해 가족들과 함께 주말 농장을 일구었다. 이때 주변의 나무들을 정리하기 위해 엔진톱을 하나 장만했다. 나무를 자를 일이 자주 있는 것은 아니라서 몇 번 사용하고는 쭉 창고에 보관해두었다. 그러다 오랜만에 엔진톱을 쓸 일이 생겼다. 톱 역할을 하는 체인은 보관에 유의해야 한다. 윤활유를 충분히 발라두지 않으면 다음에 쓸 때 체인이 잘 돌아가지 않을 수 있기 때문이다. 그런데 이를 잘 알고 나름 신경 써서 관리했는데도 너무 오랜만에 꺼낸 탓인지 체인이 뻑뻑했다. 급한 대로 윤활유를 듬뿍 바르고 잠시 스며들게 두었지만 여전히 톱이 작동하지 않았다. 점검해보니 나머지 체인 조각은 모두 멀쩡한데 딱 한 조각이 움직이지 않고 있었다. 토치를 동원하여 체인 틈에 낀 윤활유 찌꺼기를 녹여 제거하고 나서야 체인이 제대로 돌아가기 시작했다.

사소한 에피소드이지만 이 일은 내게 큰 교훈을 남겼다. 엔진톱의 체인은 50개가 넘는 조각들이 서로 연결되어 한 개만 제 기능을 하지 못해도 톱 전체가 작동하지 않는다. 엔진이 내는 엄청난 힘을 체인 조각 하나가 막아버리는 것이다. 이를 보고 나는 부의 축적 과정이 엔진톱의 체인과 비슷하다는 생각이 들었다. 부를 이루고 싶은 열망은 엔진을 작동시키는 연료라고 할 수 있다. 누구나 부를 쌓고 싶고 경제적 자유를 이루고 싶다. 근로소득에 매이지 않고도 풍족하게 생활하며 나의 시간을 마음대로 쓰고 싶다. 경제적 문제가 해결되면 정말로 원하고 중요시하는 가치를 위해 에너지를 쏟을 수 있을 것만 같다. 이런 마음 자체는 누구나 가지고 있지만, 정말로 엔진을 가동시킬 만큼 강력한 열망을 품은 사람은 그리 많지 않다. '돈이 많았으면 좋겠다'라는 단순한 바람에 그치는 경우가 대다수다. 귀가 아플 정도로 시끄러운 소리를 내며 잡고 있는 손이 덜덜 떨릴 만큼 파워 넘치는 엔진을 작동시키려면 그만큼의 연료가 필요하다. 부를 축적하려면 꺼지지 않는 열망부터 갖춰야 한다.

엔진을 가동시켰다면 다음은 체인을 돌릴 차례다. 기어를 통해 엔진의 동력이 체인으로 전달되면 체인이 엄청난 속도로 회전하며 나무를 자른다. 힘이 손실되지 않고 온전히 전달되려면 구동 기어의 역할이 중요하다. 부의 축적에 있어 구동 기어는 곧 방향이다. 아무리 굉장한 열망을 품고 있어도 부의 축적의 방향이 올바르지 않으면 엔진의 힘이 제대로 전달되지 않는다. 1장에서 우리는 우리가 버려야 할 잘못된 생각들, 오해와 착각들에 대해 다뤘다. 잘못된 생각을 버리는 것은 올바른 방향을 설정하기 위해서다. 뜨거운 열망을 가지는 것만으로는 아무것도 이뤄지지 않는다. 적절한 속도와 방향이 갖춰져야 그 위력을 발휘할 수 있다.

이번에는 체인에 대해 이야기해보자. 둘레가 20센티미터가 넘는 거목을 잘라내는 엔진톱도 고작 2센티미터 크기의 체인 조각 하나 때문에 제대로 힘을 쓰지 못한다. 우리가 잘라야 할 나무와의 최종 접점에 있는 것이 바로 체인이다. 체인은 수십 개의 조각들로 이루어져 있는데, 각각의 조각들이 정교하게 맞물려 고속으로 회전할 때 나무의 단면이 잘려나간다. 부의 축적에서 체인은 부와 자산을 대하는 태도와 가치관이다. 그런데 우리는 앞서 잘못된 생각들을 비워내지 않았는가? 군데군데 비워진 곳들이 생겼으니 체인이 돌아갈 리 없다. 이 빈 공간을 올바른 생각들로 채워야만 한다.

체인 조각 하나하나를 따로 떼어서는 아무런 힘도 쓸모도 없다. 그런데 이 금속 조각들을 정교하게 연결하기만 해도 잠재적인 위력을 지니는 체인이 된다. 여기에 충분한 연료를 갖춘 엔진을 가동시키면 비로소 눈앞에 있는 모든 것을 썰어버리는 엄청난 힘을 발산하는 것이다. 부의 축적도 이와 같다. 단지 돈을 많이 번다고 부가 차곡차곡 쌓이지는 않는다. 반대로 그저 안 쓰고 모으기만 한다고 해서 부가 축적되는 것도 아니다. 올바른 태도와 가치관을 기반으로 소비를 통제하고 기회를 모색하며 리스크를 관리하는 일련의 과정이 엔진톱의 체인처럼 정확하고 효과적으로 맞물려 돌아가야 한다. 부의 축적은 여러 요소들이 순차적인 인과관계로 얽혀 만들어지는 것이다.

사람들의 시선이 닿지 않는
나만의 피난처로 떠나기

부의 축적과 휴식처. 언뜻 보면 전혀 상관없을 것 같지만 부의 축적 과정에서 휴식처는 굉장히 중요하다. 자신의 상황을 객관적으로 정리하는 작업을 위해서다. 집도 휴식의 공간이지만 동시에 일상적인 공간이다. 일상에서 완전히 벗어나 조용히 있을 공간이 필요하다. 말하자면 휴식처보다는 '피난처'라고 할 만한 공간을 마련하는 것이다.

나의 경우 전북 부안에 마련한 주말농장이 피난처다. 농지를 구입하고 나서 주변 지인들이 왜 그곳에 땅을 샀는지 궁금해했다. 가까운 거리도 아닌 데다 일가 친척 하나 없는 곳이었으니 그럴 만도 했다. 그런데 내가 부안을 선택한 이유가 바로 그것이었다. 일단 거주지에서 가깝지 않아야 하고, 아무도 나를 모르는 곳이어야 했다. 주말농장에 갈 때마다 나는 꼭 도심의 좋은 아파트에 살지 않아도 여유로울 수 있음을 느낀다. 도시 아파트에 살면 매월 수십만 원의 관리비에 수백만 원의 생활비를 지출하는 것이 당연해진다. 하지만 시골에서는 마음먹기에 따라 생활비를 줄일 수 있다. 몇 가지 채소를 직접 재배해 먹는 것만으로도 먹거리 비용이 상당히 절약된다.

흔히 휴식처라면 집을 떠올린다. 물론 집은 안전하고 편안한 공간이다. 하지만 한국 사회에서 사람들은 종종 그 집 때문에 자유를 잃곤 한다. 많은 사람들이 아파트에 살고, 그 아파트의 시세는 정해져 있다. 그리고 이 시세를 기준으로 마치 수질을 나누듯이 아파트의 등급을 나누어 1급지, 2급지, 3급지 등으로 부른다. 3급지에 살면서 1급지로 가기 위해 무리하게 대출을 받아 소득의 대부분을 이를 갚는 데 쓰다 보면 생활은 그만큼 팍팍해진다. 가격이 비싸다고 그 가격만큼 마음을 채워주지도 않는다. 이런 상황에서 집이 진정한 휴식처가 될 수 있을까? 그곳에서 스스로를 진정 객관적으로 돌아볼 수 있을지 의문이 든다. 이러한 생각들을 거듭한 끝에 일상적인 지역에서 멀리 떨어진 곳에 휴식처, 아니 피난처를 마련한 것이다.

우리 사회는 유난히 남을 의식하는 경향이 있는 것 같다. 그런데 이는 부의 축적을 방해하는 요소가 된다. 남과 나를 비교하며 조급해지면 시간을 충분히 들여야 하는 일을 제대로 수행하지 못하게 된다. 심지어 올바른 방향을 알고 있으면서도 다른 사람들의 시선을 신경 쓰느라 엉뚱하게 선택하는 경우도 많다. 남을 지나치게 의식하다 보면 저축의 기본인 '근로소득에서 일정 부분을 저축하고 나머지로 생활하기' 단계부터 어려움을 느끼게 된다. 푼돈을 모으기보단 남들이 보기에 좋은 옷, 좋은 차, 좋은 음식을 소비하기를 택하는 것이다. 이런 태도로는 변화도 발전도 이룰 수 없다. 우리의 일상에도 관성이 있어 지금까지 누리던 것들을 내려놓기가 쉽지 않다. 부를 축적하고 싶은 마음을 품고 있지만, 실제로 행동하기란 어렵다. 그런 일상이 계속되다 보면 열망마저 사라져 그저 지인들과의 저녁 모임을 즐기는 것에 만족하며 매주 로또를 사고 이번엔 꼭 당첨되기를 바라고만 있게 되는 것이다.

사회적 동물인 인간은 여러 관계에 얽힌 채 인생을 살아간다. 이 관계들 속에서 끊임없이 비교하고 비교당하면서 현재 내가 어느 위치에 있는지를 살피는 것은 필연적이다. 나와 비슷하다고 생각되는 사람들 사이에서 뒤처질까 불안해하기도 하고, 남보다 낫다는 생각에 안도감을 느낄 때도 있다. 이것이 선명하게 드러나는 것이 다름 아닌 집, '아파트'다. 한국에는 아파트에 사는 사람이 워낙 많다 보니 어느 지역 어떤 아파트에 사느냐에 따라 그 사람의 재력이나 능력을 평가하고 열등감이나 우월감을 느끼는 경우도 있다. 상대보다 내가 더 뛰어난 능력을 갖췄다고 생각하면서도 그가 나보다 더 비싼 아파트에 산다는 이유로 열등감을 느끼는 것이다(이렇게 스스로 지레짐작하며 자존감을 낮추는 행위는 물론 해롭다).

특히나 2020년에서 2021년 사이 아파트 가격이 폭등하던 시기에 이런 생각이 많이 퍼졌다. 어느 곳의 어떤 아파트를 보유하는지에 따라 자산 규모가 몇 배씩 차이 나니 크게 이상한 일도 아니다. 이런 상황에서 20~30대 무주택자들이 대출을 끌어모아서 무리하게 아파트를 구입하기 시작했다. 자고 일어나면 훌쩍 뛰어 있는 집값에 사람들이 모이면 안부 대신 서로의 아파트가 얼마 올랐는지 묻는 일이 흔했다. 실제로 이 시기에 신용대출에 담보대출을 받고 가족들에게까지 돈을 빌려 아파트를 매입한 후배가 있었다. 금융권에서 높은 연봉을 받고 있으니 원리금 상환이야 어떻게든 감당할 수 있을 테지만, 왜 무리해가면서 아파트를 사야 했는지 궁금했다. 후배의 대답은 간단했다. '주변 사람들 사이에서 꿀리는 게 싫어서.' 당시는 어떤 주제의 대화도 결국 아파트 가격 이야기로 끝나던 때였다. 일상의 모든 대화가 부동산 이야기였던 셈이니 그 틈에 낄 수 없는 무주택자는 상대적 박탈감을 심하게 느낄 수 있었다. 후배 역시 아파트 얘기가 나올 때마다 전세로 사는 자신이 아무 말도 못하는 것이 견디기 힘들었다고 했다.

근로소득이 탄탄하니 감당할 수 있으리란 믿음 아래 아파트를 샀겠지만, 결과적으로 그의 선택은 부의 축적을 5~7년가량 늦춰놓고 말았다. 집을 사는 데 들어간 돈은 그대로 집에 묶여 쓸 수 없게 되었다. 다시 투자를 시작하려면 최소 5년 동안은 자금을 모아야 한다는 의미다. 그 5년간 놓치게 될 기회들에는 얼마의 가격을 매길 수 있을까? 설사 집값이 올라서 이를 팔아 차익을 볼 수 있대도 문제는 상존한다. 그 집을 팔고 다음 집을 구해야 하는데 이미 부동산 시세가 올랐으니 쉽지 않기 때문이다. 후배가 주택 구입을 늦추거나 무리하지 않는 선의 주택을 구입하고 여유자금을 확보하는 데 집중했다면 어땠을까? 무리해서 산 집의 가격이 오르기만을 기다리며 돈을 묶어두지 않고 적극적으로 투자처를 모색하며 공부했다면 지속적인 수익을 기대할 수 있었을 것 같아 안타까움이 크다.

하지만 이런 사회에서 나고 자라 살고 있는 우리는 남을 의식하는 분위기를 쉽게 무시하기 어렵다. 그래서 분리가 필요한 것이다. 집은 사회생활에 지친 심신을 쉬게 하는 곳이지만, 그 집 때문에 불안해진다면 어떻게 해야 할까? 우리는 도대체 어디서 마음의 안식을 얻을 수 있을까? 그러니 나의 생활 공간과는 동떨어진 곳에 피난처가 있어야 한다. 단순히 거리가 멀 뿐 아니라 아는 사람이 없는 곳 말이다. 그래야 물리적 거리와 감정적 거리를 동시에 확보할 수 있다. 나의 현 상황을 냉정하게 직시하고 올바르게 나아가고 있는지 제대로 볼 수 있는 공간을 마련하자. 그곳에서 사색하며 생각을 정리하다 보면 타인의 영향을 받지 않고 경제적 행동과 선택을 할 수 있는 단계에 다다르게 될 것이다.

모든 것에는
양면성이 있다

지난 1년간 나와 내 주변에서 일어났던 일들을 잠시 돌이켜보자. 그 중 드라마틱하고 특별한 순간은 얼마나 될까? 생각보다 많지 않을 것이다. 어제와 비슷한 오늘, 오늘과 비슷한 내일이 반복되고, 만나는 사람도 접하는 환경도 겪게 되는 일들도 모두 거기서 거기다. 그 삶에 스스로 만족한다면 일상의 지속성에 행복을 느낄 수 있겠지만, 행복도 너무 오래 되풀이되면 지루해지기 마련이다. 하지만 이미 고착화된 일상을 바꾸는 것은 쉬운 일이 아니다. 부의 축적에 도전하는 것도 마찬가지다. 열망은 넘치지만 일상이 똑같으니 변화는 항상 멀게만 느껴진다. 특히나 나를 둘러싼 환경은 직접 바꾸기 어렵다. 이는 노력이 부족해서가 아니라, 환경은 하루아침에 만들어지는 것 아니기 때문이다. 환경은 오랜 시간이 쌓인 흔적이자 결과물이다. 따라서 환경을 바꾸려면 그만큼의 시간과 에너지를 들여 반대 방향으로 나아가야 한다.

그렇다고 해서 매일 제자리에 있을 수는 없다. 조금씩이라도 바뀌나가야만 한다. 그리고 그 변화의 시작에는 한 가지 생각의 전환이 있다. 바로 세상의 모든 현상에는 양면이 존재한다고 믿는 것이다. 별것 아닌 것 같지만 이 믿음을 새기면서 나는 나의 환경을 원하는 방향으로 이끌어나가고 있다. 10년 전의 나보다는 5년 전의 내가 낫고, 5년 전의 나보다는 오늘의 내가 낫다는 것이 그 증거다. 현재 나는 내 인생이 원하는 방향으로 흘러가고 있음을 느낀다.

모든 현상에는 양면성이 존재한다. 밝은 면이 있으면 어두운 면도 있고, 좋은 점이 있으면 나쁜 점도 있다. 무조건 좋기만 한 것은 없다. 이 깨달음은 아주 우연히 찾아왔다. 나는 2010년에 처음으로 경매를 통해 3층짜리 다가구 주택을 매입했다. 총 7가구로 이루어진 건물이었고, 가구마다 방 3개에 화장실 2개가 있는 전용면적 23평형의 구조였다. 만약 비슷한 규모의 원룸이었다면 더 높은 임대 수익률을 낼 수 있었을 테지만 나는 그때나 지금이나 원룸 투자에 그다지 긍정적이지 않다. 원룸은 한 사람이 살기에 너무 좁고 집처럼 느껴지지가 않았다. 그래서 스스로 생각하는 '집'의 요건이 무엇인지 따져봤다. 기본적으로 방 3개는 있어야 쾌적할 것 같았고, 화장실이 2개라면 나중에 가족이 늘어도 불편함이 덜할 듯했다. 이러한 생각을 토대로 첫 부농산 부자에 나선 것이다. 첫 부자 지고는 금액과 규모가 컸지만 왠지 모르게 낙찰을 받기만 하면 잘 운영할 자신이 있었다. 당시에는 경험이 전무했으니 그야말로 '근거 없는 자신감'이었던 셈이다.

그때 나는 입사한 지 고작 3년 차인 신입 직장인이었다. 임대사업을 해보고 싶다는 꿈은 꽤 오래전부터 있었기 때문에 직장생활을 하면서 모은 돈에 대출금을 더해 잔금을 납부했다. 직접 거주할 집이 아닌 수익형 부동산 투자라고 생각하고 모든 자금을 쏟아부은 것이다. 잔금을 모두 납부하고 내 명의의 부동산이 되면 그 건물에 살던 임차인들을 내보내야 하는데, 이를 '명도'라고 한다. 명도를 위해 명도 확인서를 들고 집집마다 방문하며 기존 임차인들과 협상을 했다. 오전부터 부지런히 움직이니 그날 저녁에는 마지막 7번째 집까지 마무리 지을 수 있었다. 두 가구를 제외하고는 원만히 처리할 수 있었으니 첫 실전 치고는 선방했다고 생각한다. 하지만 명도를 모두 마치고 집으로 돌아오니 어찌나 녹초가 되었던지 쓰러질 것만 같았다. 3년 동안 회사를 다니며 사람을 상대하는 일에는 어느 정도 자신이 있다고 느끼던 차였는데, 그것과는 차원이 달랐다. 일하면서 만난 사람들은 내게 악의가 없지만 기존 임차인들은 그렇지 않기 때문이다. 살던 집이 경매로 넘어간 상황에서 자신을 내보내려 하는 새로운 건물주를 반길 사람이 어디에 있겠는가. 책에서 읽었던 명도 사례와 실제 명도 과정은 전혀 달랐다.

실제로 명도를 경험해보고 나니 이론과 실제의 차이가 더욱 실감되었다. 부동산 권리 분석만이 부동산 공부의 전부가 아님을 알게 된 것이다. 이론 공부보다 '사람' 공부가 필요하다고 느꼈다. 하지만 그 후 건물을 관리하면서 나는 또 한 번 좌절해야 했다. 부동산을 구입하기만 하면 따박따박 들어오는 월세로 부가 자연히 쌓일 것이라는 생각은 대단한 무지였다. 임대료를 받으며 여유롭게 삶을 누리는 건물주가 한쪽 면이라면 그 반대편에는 건물과 임차인을 관리하는 부단한 노력이 있었다. 이를 직접 몸으로 부딪혀가며 배우면서 나는 양면성에 대해 생각해보게 되었다.

누가 임대소득을 '불로소득'이라고 하는가? 임대사업을 해본 사람이라면 이 말에 절대 동의하지 않을 것이다. 드라마에 흔히 등장하는 것처럼 매일매일 놀면서 월세를 따박따박 받는 임대인은 극히 드물다. 대부분의 경우 그냥 들어오는 돈은 없다. 부동산을 사기만 한다고 돈이 되는 것은 아니라는 이야기다. 그 부동산으로 수익을 벌어들이려면 임차인이 내 부동산을 선택하여 입주해줘야 한다. 때문에 임대인은 임차인의 선택을 받기 위해 부지런히 집을 수리하고 청소해야 한다. 편안하고 안전한 환경을 갖추고 지속적인 노력으로 이를 유지해야 한다. 갈수록 높아지는 임차인들의 눈높이에 맞추고 개인 임대사업자로서 해마다 늘어나는 부동산과 경쟁하여 살아남으려면 보통의 노력으로는 어림도 없다. 월세는 그 노력의 대가다.

원하지 않는 상황을 겪고 싶지 않다면 꾸준히 행동해야 한다. 멈춰 있어서는 안 된다. 익숙한 패턴 안에서 규칙적으로 보내는 오늘, 편하고 친근한 사람들과 수다를 떠는 유쾌한 시간, 일정하게 들어오는 월급. 이러한 일상을 뒤집으면 다음과 같이 바꿔 말할 수 있다. 어제와 비슷하게 흘러가는 지루한 오늘, 늘 만나던 사람들과 나누는 비생산적인 대화, 나아질 것도 나빠질 것도 없는 뻔한 소득. 이러한 양면성은 결국 내가 원하지 않는 상황으로 나를 몰고 간다. 불쾌하고 피하고 싶은 순간들을 이끌고 온다. 결국에는 가지고 있는 부를 잃어버리게 한다. 부는 그 가치를 소중히 하는 사람에게로 옮겨가기 때문이다.

수익의 이면에는 그 수익을 가능하게 만든 노력이 있고, 손실의 이면에는 과거의 방만한 선택이 있다. 화려함 뒤에는 수고와 좌절이 있고, 익숙함 뒤에는 놓쳐버린 변화의 기회가 있다. 이러한 양면성을 의식하다 보면 문득 어제와 비슷한 오늘이 불안해지기 시작한다. 부를 향한 열망을 품고 있어도 비슷한 어제와 오늘을 반복해서는 절대 이를 현실로 만들 수 없다. 별다른 노력 없이 허무하게 흘러간 시간들이 보내는 경고의 메시지를 알아챌 줄 알아야 한다. 마음만으로 되는 것은 없다. 지금이 편안하고 만족스럽다고 해서 안주하지 말자. 항상 그 이면에 존재하는 위기를 살펴보고 스스로에게 경고하자. 그래야 앞으로 나아갈 수 있다.

수익의 이면에는

....

그 수익을 가능하게 만든 노력이 있고,

....

손실의 이면에는 과거의 방만한 선택이 있다.

....

화려함 뒤에는 수고와 좌절이 있고,

....

익숙함 뒤에는 놓쳐버린 변화의 기회가 있다.

....

보통 사람들을 위한
투자 원칙

하나의 목표를 향해 일관된 방향으로 나아가려면 반드시 원칙이 있어야 한다. 원칙 없이는 돌발 상황에 맞닥뜨렸을 때 제대로 대처하지 못하고 길을 잃게 된다. 원칙은 실수와 시행착오를 줄여주는 길잡이 역할을 한다. 잠깐 원래의 길에서 벗어났더라도 원칙만 잘 세워져 있다면 금세 방향을 바로잡을 수 있다. 이런 이야기를 할 때면 '전문 투자자가 아닌 일반인에게 원칙씩이나 필요한가요?'라는 질문이 뒤따르곤 하는데, 전문가가 아니기 때문에 더더욱 원칙이 필요한 것이다. 명확한 기준 없이 눈앞에 보이는 수익률만 좇는 투자는 오래 지속되기 어렵다.

투자 원칙의 핵심은 투자의 지속 가능성이다. '강한 자가 살아남는 것이 아니라 살아남는 자가 강하다'라는 말은 투자에도 적용된다. 오랜 시간을 버텨내는 사람이 기회를 잡는다. 기회는 눈에 잘 보이지 않아서 놓치고 나서야 그것이 기회였음을 알게 되기도 하지만, 이를 깨닫고 다음을 준비하는 사람에게는 다시 기회가 찾아온다. 이를 놓치지 않으면 된다.

그렇다면 보통 사람에게 맞는 투자 원칙은 어떤 것일까? 저명한 학자의 이론이나 이름난 투자자의 원칙을 따라 할 필요는 없다. 검증된 투자법이어도 나의 상황과 성향에 맞지 않으면 무의미하다. 내게 맞지 않는 원칙은 실행하기도 어렵다. 실행이 어려우면 지속하기 힘들고, 지속하지 못하는 원칙은 좋은 원칙이 아니다. 나에게 맞는 좋은 원칙이란 스스로 체험하여 얻은 원칙이다. 이런 원칙은 쉽게 흔들리지 않고 꾸준히 실천할 수 있다. 좋은 원칙은 잘못된 방향으로 가지 않도록 나를 이끈다. 그렇게 원칙대로 지속해나가다 보면 마침내 건실한 자산이 형성되는 것이다.

나의 경우 투자에 있어 중요한 '대원칙'과 함께 부동산 관리를 위한 세부 원칙 몇 가지를 만들어 지키고 있다. 이 세부 원칙 중 하나가 '보증금 원칙'이다. 임대사업을 하면서 보증금의 크기와 임차인의 월세 연체율이 반비례한다는 사실을 깨닫고 세운 것인데, 월세 보증금을 500만 원 이하로 낮추지 않는 것이다. 이 원칙을 투자에도 적용하여 보증금을 500만 원 이상 받을 수 있는 부동산에만 투자한다. 아무리 저평가되어 있고 예상 수익률이 좋다고 해도 이 원칙을 충족시키지 못하는 것은 매입하지 않는다. 이런 세부적인 원칙은 직접적인 경험을 통해 만들고, 그보다 한 단계 상위인 투자 대원칙은 여러 전문가들의 이론과 투자법을 공부하며 내게 맞는 것을 찾아 만드는 것이 좋다.

좋은 투자 원칙을 세우려면 먼저 투자의 본질에 대해 깊이 생각하고 이해해야 한다. 투자는 크게 '팔아야 수익을 얻는 투자'와 '사면서 수익을 얻는 투자'로 나뉜다. 둘 중 더 좋거나 더 나쁜 것은 없다. 자신의 성향이나 자금 상황에 맞게 선택하면 된다. 두 가지 투자를 모두 추구하는 사람도 있고, 한 가지만 고수하는 사람도 있다. 현재 나는 사면서 이익을 추구하는 투자만 하고 있다. 이를테면 부동산을 매입할 때 바로 다음 달부터 수익을 낼 수 있는 것을 택하는 식이다. 팔아야 수익을 얻는 투자는 통제하기 어려워 나에게는 잘 맞지 않는다고 판단했다. 반면 사면서 수익을 얻는 투자는 통제력을 확보하기 좋다.

예를 들어 소형 아파트 한 채를 매입한다고 해보자. 첫째로 매매가를 통제할 수 있다. 원하는 아파트를 고르고, 그곳에서 얻을 수 있는 월세 수익률을 반영하여 희망 구입가를 정한다. 급매든 경매든 그 희망 가격에 맞으면 바로 매입하고, 아니라면 그 가격이 될 때까지 기다린다.

둘째, 내부 수리를 통제할 수 있다. 나는 벽지, 장판, 시트지 등의 시공을 직접 시행함으로써 지출을 줄이고 수익을 높이고 있다. 이렇게 절약한 비용은 옵션용 가전제품 추가 등의 방식으로 재투자하여 내 부동산의 경쟁력을 높인다. 인테리어를 할 때는 내가 선호하는 임차인의 연령대나 성별을 고려하여 꾸미는데, 이 역시 임차인 관리에 도움이 된다.

셋째, 보증금을 통해 임차인을 통제할 수 있다. 월세를 낮추고 보증금을 더 높여 받는다. 보증금은 월세가 연체되었을 때를 대비하는 용도로만 쓰이는 것이 아니다. 명도소송 시 필요한 소송 비용도 보증금에 포함되어 있다. 보증금이 월세 연체를 방지하고 소송에도 대비하는 통제 수단이 되는 셈이다.

팔면서 수익을 얻는 투자의 대표적인 예가 '갭 투자'다. 그런데 이 갭 투자에는 중요한 조건 두 가지가 있다. 하나는 가격이 올라야만 수익을 낼 수 있다는 것이고, 다른 하나는 누군가 내가 산 가격보다 더 높은 가격으로 구입해줘야 한다는 것이다. 둘 중 하나라도 충족되지 않으면 그 갭 투자는 실패하고 만다. 그런데 이 두 조건 중 투자자가 통제할 수 있는 것이 없다. 굳이 찾자면 매우 저평가된 지역의 물건을 싸게 사는 것인데, 이는 투자자의 실력이라 보기는 힘들다. 스스로 통제하지 못하고 시장 상황에 따라 마음 졸이며 투자하는 것은 나의 성향과 맞지 않다고 판단했고, 지금까지 이런 방식의 투자는 하지 않고 있다.

이와 같은 부분들을 따져가며 나에게 맞는 투자 대원칙 세 가지를 세웠다. 원칙이 많으면 모두 지키기 어렵기 때문에 서너 가지 정도가 적당하다. 나의 투자 대원칙은 다음과 같다.

1. 일정한 현금 흐름을 만들어낼 것
2. 나의 관여 없이 운영될 것
3. 시장 변화에 대응하는 통제력을 갖출 것

이렇게 대원칙을 세우고 일정한 자산 목표를 달성하기 전까지는 이를 따라서만 투자하고 실천하는 것이다. 평소에는 원칙의 힘을 잘 실감하지 못하기 때문에 때때로 이를 꼭 지켜야 하는지 의구심이 들지도 모른다. 하지만 그 진가는 어려움이 닥쳤을 때 발휘된다. 특히 지금과 같이 불확실하고 혼란한 투자 환경에서는 나만의 투사 원칙에 대한 변함없는 믿음을 가져야 한다.

투자 원칙의 핵심은 투자의 지속 가능성이다.

‘강한 자가 살아남는 것이 아니라

살아남는 자가 강하다’라는 말은

투자에도 적용된다.

마음의 문을 열면
부의 흐름이 뚫린다

부동산 투자자 A와 주식 투자자 B, 암호화폐 투자자 C. 이렇게 세 사람이 만나 '어떻게 부를 이룰 것인가?'라는 주제로 토론을 한다고 해보자. 이들은 각자의 전문 분야 외에는 투자해본 적이 없고 그 분야에서 부를 쌓은 사람들이다. 어떤 이야기가 오갈 것 같은가? 토론의 전개를 예상하는 것은 어렵지 않다. A는 부동산만이 부를 이룰 수 있는 방법이라고 주장한다. 이에 B가 목소리를 높인다. 부동산 시장은 이미 끝났으니 이를 매각하여 저평가된 주식에 사서 묻어두라고 말이다. 그는 주식이야말로 돈을 벌 수 있는 유일한 자산이라고 말한다. C는 다가올 미래에 주식과 부동산 투자는 무의미하다며 아직 늦지 않았으니 지금이라도 모든 자산을 처분해 암호화폐에 올인하라고 이야기한다. 이들은 각자의 방법으로 부를 이루는 데 성공했으니 누구의 말을 들어야 할지 참 애매하다.

여기서 알아야 할 것은, 한 가지 자산만으로 부를 이룬 사람은 대개 그 외의 자산에 호의적이지 않다는 사실이다. 수많은 고비를 극복하고 오랜 시간에 걸쳐 빈약했던 자산을 현재의 수준으로 늘렸기 때문에 자신이 일군 자산에 대한 애정이 각별할 수밖에 없다. 현실적으로도 부동산, 주식, 암호화폐 등등 모든 종류의 자산에 동시다발적으로 투자하여 성공하기란 불가능에 가깝다. 투자의 세계에 입문할 때는 보통 한 종류의 자산에 집중하고 이를 발전시켜 부를 쌓는다. 투자의 불씨가 아직 미미하기 때문에 쉽게 꺼질 수 있어 조심해야 하는 시기이기도 하다. 목표한 수준에 도달하기 전까지는 그 자산을 잘 유지하는 것이 중요하다. 섣불리 투자처를 다각화하다가 기존의 소득원까지 전부 잃을 수도 있으니 말이다.

그런데 처음에 목표한 일정 수준의 부가 축적되면 상황이 달라진다. 기존의 방법을 고수해서는 더 이상 발전하기 어려운 때가 온다. 자산 규모가 커지면 그에 맞는 투자를 해야 한다. 그래야 기존의 부를 잃지 않으면서 다음의 부를 향해 나아갈 수 있다. 환경에 맞춰 소득원을 다변화해야 하는 이유다. 물론, 한 가지 투자에 몰두하면서도 꾸준히 부를 축적하는 사람도 있지만 여기에는 리스크가 따른다. 한 우물만 파다 보면 투자 환경의 변화에 대한 대응 능력이 떨어지기 쉽고, 기존의 부를 잃을 우려가 높다. 그래서 우리에게는 긍정적이고 열린 마음이 필요하다. 열린 마음은 부가 정체되지 않고 지속적으로 쌓일 수 있도록 도와준다. 이를 위해서는 내 생각이 언제나 옳지는 않음을 인정하고 다른 의견을 선입견 없이 받아들이는 연습이 필수다. 성공해봤다고 해서 그것만이 정답은 아니다.

부동산으로 얻은 잉여자금을 다른 부동산에 투자하는 것보다 주식에 투자하는 것이 더 효율적인 시기가 있다. 반대로, 주식으로 번 수익을 부동산에 묶어놓아서 위험을 분산시켜야 하는 시기도 있다. 그런데 다른 자산에 대해 마음이 닫혀 있으면 각각의 시기에 맞춰 유연하게 대응하지 못하고 위기에 처하게 된다. 부의 축적으로 가는 길은 여러 갈래로 갈라져 있으며, 서로 합쳐지고 나뉘기를 반복하며 뻗어 있음을 기억하자. 여러 자산에 대한 이해와 포용을 갖춰야 다른 자산에 호황이 왔을 때 빠르게 반응할 수 있다. 나아가 기존 투자의 방식을 바꾸는 일도 수용할 수 있어야 한다. 많은 사람들이 투자에 성공했을 때 그 방식을 맹신하는 실수를 범한다. 똑같이 주식 투자를 하더라도 방식에 따라 결과는 얼마든지 달라질 수 있다. 요즘처럼 투자 환경이 급변하는 때에는 더더욱 그렇다. 이런 상황에서 나의 방법을 고집하기만 하면 어떻게 될까? 분명 기회를 놓치거나 실수하게 될 것이다.

내가 현재 임대사업에서 추구하는 방향은 갭 투자와 정반대이고, 지금은 갭 투자를 하고 있지 않다. 하지만 한때 같은 방식으로 투자했던 적이 있다. 2012년, 신축 소형 아파트 2채를 매입하게 되었는데 매매 대금이 부족했다. 당시 내가 보유한 자산으로는 1채를 사기에도 모자랐다. 그래서 전세를 주고 보증금을 합해 잔금을 납부한 뒤 내 명의로 소유권 이전을 했다. 해당 아파트의 시세가 향후 제법 많이 상승할 것으로 확신했기 때문에 했던 선택이었다. 나중에 구입하려면 훨씬 많은 비용이 들어갈 것이 분명했다. 때문에 다소 과감하지만 기존의 투자 방식을 바꿔 갭 투자 형태로 2채를 동시에 매입한 것이다. 다만 나의 목적은 전세가와 매매가의 갭을 이용해 매도 차익을 얻는 것이 아니라 월세 수익을 내는 것이라는 차이는 있었다. 다가구 주택에서 월세 수익이 꾸준히 발생하고 있었으므로 우선은 전세로 운용하고 전세 임차의 계약 만기 전에 자금을 모아 만기 후 전세 임차인을 내보내고 월세로 전환하는 것이 나의 계획이었다. 그리고 실제로 매입 후 2년 만에 자금을 마련해 이를 실행에 옮겼다.

만약 갭 투자 방식에 구조적인 문제가 있었다면 이처럼 빠르게 월세 형태로 전환하기 어려웠을 것이다. 갭 투자뿐 아니라 어떤 투자법이든 그 자체가 잘못된 경우는 드물다. 그것을 사용하는 사람에 따라 달라지는 것이다. 나쁜 투자자가 나쁜 투자법을 만든다. 지금 내가 실행하고 있는 투자만이 올바르고 그 외의 것은 잘못되었다는 생각은 위험하다. 살다 보면 내가 부정적으로 보았던 투자법을 고려해야 하는 상황이 오기도 한다. 이처럼 급변하는 환경에 대처하려면 투자에 대해 유연하게 사고할 수 있어야 한다.

기업들은 환경 변화에 대응하기 위해 사업을 다각화한다. 현재의 주요 사업 매출이 아무리 대단해도 언제 판도가 뒤바뀔지 모르기 때문이다. 부의 축적 과정에도 이런 돌발 변수가 존재한다. 국가 정책의 변화, 금리 변동, 경기 침체 등의 외부적 요인도 있고, 개인의 자산 관리에 따른 내부적 요인도 있다. 내부적 요인은 어느 정도 관리할 수 있지만 외부적 요인은 고스란히 감내하는 수밖에 없다. 이렇게 변수가 생겼을 때 가던 길만 고집해서는 부의 축적이 정체되고 만다. 수익만 바라보며 수익률만 보고 무조건 달려드는 것은 옳지 않지만, 수익 향상을 고민하지 않고 이제껏 해오던 익숙한 방식만 고수하는 것도 잘못된 방식이다. 자신의 투자법과 상반된 시도를 한다고 해서 이전까지의 성공을 부정하는 것이 아니다. 다른 길도 존재하며 나름의 의미가 있음을 인정해야 더욱 발전하며 나아갈수 있다. 다양한 자산에 대한 이해와 포용력을 갖춰야 부의 정체를 막을 수 있다.

내게 슈퍼카와 초고층 아파트가
필요 없는 이유

사회적 동물인 인간은 대중 속에 있을 때 소속감과 안정감을 느낀다. 식당을 찾을 때는 가본 적이 없어도 사람들이 많은 곳을 가면 된다. 가게 앞에 대기줄이라도 늘어서 있다면 그곳은 확실한 맛집이다. 줄 서는 중에 내 뒤에 누군가가 뒤따라 서면 왠지 안도감이 든다. 나의 기다림이 잘못된 판단이 아니라는 보장을 받는 듯하기 때문이다. 의견을 표현할 때도 마찬가지다. 다수의 편에 서는 것이 마음 편하다. 나와 같은 생각을 가진 사람들이 많다는 것 자체로 위안이 된다. 반대로 다수의 의견과 내 의견이 다를 때는 내가 잘못된 것은 아닌지 불안해진다. 그래서 자꾸만 남과 나를 비교하게 된다. 대중이 인정하는 가치와 내가 가지고 있는 가치가 일치하는지 확인하고 싶어진다.

그렇지만 동시에 타인과 구분되고 싶은 욕구도 크다. 무난함을 견디지 못하고 특별해 보이고 싶다. 나만의 개성을 표현하고 이를 인정받고 싶다. 이러한 욕구의 표출은 눈으로 보자마자 알 수 있는 무언가를 소유하는 것부터 시작한다. 다른 사람은 쉽게 넘볼 수 없는 것을 가지면 그들보다 특별해진 듯한 기분이 들기 때문이다. 자본주의 사회에서는 이렇듯 특별해 보이고 싶은 인간의 마음을 돈으로 마음껏 발산할 수 있도록 기회와 채널을 열어둔다. 그 대표적인 결과물이 명품과 슈퍼카, 최고급 아파트다. 최근에는 부를 과시하는 행위 자체를 지칭하는 '플렉스flex'라는 말도 생겼다. 플렉스에는 선망과 부러움이 내재되어 있어 과시나 자랑을 터부시하고 부정적으로 바라봤던 과거와는 다른 양상을 보인다.

사실 자본주의에서 중요시하는 '자본의 효율성' 측면에서 보면 플렉스는 굉장히 비효율적이다. 슈퍼카와 최고급 아파트는 각각 이동수단과 주거라는 본질적 차원에서 보면 비용 대비 효율이 매우 낮다. 역설적이게도 효율이 좋지 않을수록 고급스럽다고 여겨지며, 누구나 쉽게 가질 수 없는 것이 된다. 그래서 소유하고 있다는 것 자체로 타인과는 다른 특별한 내가 될 수 있다. 남과 다른 특별한 존재가 되고 싶다는 마음이 잘못된 것은 아니다. 다만, 그 특별함을 표출하는 방법에 대해서는 다시 한번 숙고해볼 필요가 있다. 내면을 바탕으로 하지 않는, 물질만 있는 욕구의 표현은 위험하다. 물질이 주는 만족은 일시적이고, 더 크고 새로운 만족을 위해 끊임없이 새로운 것을 소비해야 하는 악순환에 빠지기 쉽기 때문이다.

내가 부를 축적하려는 복적이 무엇인지 잠시 생각해보자. 명품과 슈퍼카를 사서 주변에 보여주고 싶어서는 아닌지 돌아보자. 그렇다면 부의 축적은 절대 이룰 수 없을 것이다. 물질에 기반한 부의 축적은 그 시작부터 괴롭다. 남과 나를 끝없이 비교하며 자신의 부족함만을 들여다보게 되니 괴로울 수밖에 없다. 물질을 기준으로 부를 지향한다면 대개 나보다 높은 단계의 사람과 나를 비교하게 된다. 그러니 스스로가 계속 부족하게 느껴지는 것이다. 작은 성공을 이뤄 자금을 모아도 나보다 더 큰 자산을 가진 사람이 언제나 존재하니 전혀 즐겁지 않다. 게다가 최종 목표인 슈퍼카와 최고급 아파트에는 1미터도 가까워지지 않은 것 같다. 작은 성공들과 그로 인한 만족들로 힘을 얻어 꾸준히 앞으로 나가야 하는 것이 부를 축적하는 길인데, 자꾸만 주변을 돌아보고 좌절하게 되니 순탄치가 않다. 내가 이룬 성공들은 한없이 초라해보이고, 매번 불만족스러운 결과에 포기하고 싶을 뿐이다. 이런 결과를 막으려면 우리는 어디에 기준을 두고 부를 쌓아나가야 할까?

부를 축적하기 위해 제일 필요한 것인 무엇인지 내게 묻는다면 '가치'라고 답할 것이다. 가치가 동반되지 않고서는 부를 쌓을 수 없다. 타인에게 가치를 제공할 때 그의 상응하는 부가 내게 돌아오는 것이다. 사람은 자신이 제공할 수 있는 가치만큼 받게 되고, 많은 가치를 제공할수록 많은 부가 돌아온다. 이때 내가 제공하는 가치는 나의 가치와 같다. 부를 많이 축적한 사람은 그만큼 가치 있는 사람이다. 하지만 그런 사람도 처음부터 훌륭한 가치를 세상에 내놓지는 못한다. 작은 가치들을 만들어내면서 그것을 크고 정교하게 발전시키는 과정이 뒷받침되어야만 한다. 내가 제공한 가치는 금전의 형태로 내게 돌아오는데, 금전은 계산이 가능한 정수로 표현되어 내가 제공한 가치의 값을 알려준다.

부가 쌓인다는 것은 나의 가치가 점점 커지고 있음을 반증한다. 이 얼마나 설레는 일인가? 물론, 시간이 흐른다고 가치가 저절로 커지는 않는다. 오히려 시간이 흐를수록 더 많은 노력이 필요하다. 시대의 흐름에 따라 변하는 가치를 제공할 수 있어야 하기 때문이다. 또한 부를 축적하는 과정은 즐거워야 한다. 변화하는 상황에서 꾸준히 가치를 생산해내려면 새로운 생각과 신선한 방식으로 시도할 수 있어야 하기 때문이다. 그 시도가 성공에 이르렀을 때의 쾌감은 굉장하다. 그 쾌감을 동력 삼아 다른 도전에 기꺼이 뛰어들며 과정을 즐길 줄 아는 사람만이 롱런할 수 있다. 이 단계에 도달하면 돈을 쓰는 재미보다 돈을 버는 재미가 더 강렬하고 중독적임을 알게 될 것이다.

얼마간의 부가 축적되었다고 삶이 한순간에 바뀌지는 않는다. 중요한 것은 부를 축적하는 과정이 즐거워야 한다는 것이다. 부의 축적을 삶의 일부로서 즐기게 되면 부가 얼마나 쌓이는지와는 상관없이 자신의 삶에 만족할 수 있다. 삶에 만족하는 사람은 남에게 과시하려고 슈퍼카나 최고급 아파트를 구입하지 않는다. 내 마음이 충만하다면 이를 굳이 자랑하고 싶지 않다. 오히려 더 베풀고 공존하고 싶은 마음이 커진다.

부의 축적에 앞서 그 목적과 의미를 깊이 생각해보자. 내가 부를 이루고 싶은 진짜 이유는 무엇인가? 부를 쌓아가는 과정에도 행복을 느끼고 만족할 수 있는가? 부의 축적을 달성했을 때 나는 어떤 모습일 것인가? 이런 질문들을 건네며 진솔하게 자기 자신과 대화를 나눠보자. 그렇게 스스로 깊이 고민을 거듭하면 주변에서 보이는 과시에 흔들리지 않는 단단한 중심이 생기고 내가 가야 할 길이 조금씩 보이게 된다.

자만과 여유는
다르다

타인과 비교하며 부를 쌓아가면 초조함이 생긴다. 자산이 늘어나는
속도가 남들보다 더딘 것 같을 땐 맞는 길을 가고 있는지 의심스럽
다. 그 의심이 깊어지면 남의 방식을 따라가게 되는 원인이 된다. 흔
한 예로, 유튜브를 들 수 있다. 부나 자산을 다루는 유튜브 콘텐츠
중에는 단기간에 큰 수익을 내는 비법(?)을 알려주는 것들이 많다.
짧게는 몇 달에서 길게는 2~3년 안에 돈을 버는 방법을 소개하며
여유롭게 사는 자신의 모습을 보여주는 식이다. 하지만 조금 자세
히 살펴보면 실제로 일반인들이 시도해서 단기간에 수익을 얻을 만
한 방법은 아니다. 그런 영상들을 보다가 나의 현재 자산을 떠올리
면 굉장히 초라해 보인다. 몇 푼 되지 않는 돈을 모으겠다고 이렇게
사는 것이 맞는지 자괴감까지 든다. 하지만 부의 축적은 저마다 그
방식과 속도가 다르기 마련이다. 남과의 비교로 내가 옳게 가고 있

는지 측정하는 것에는 한계가 있다. 그보다는 자신이 세운 목표에 얼마나 가까워졌는지 아는 것이 중요하다. 연초에 세웠던 자금 계획을 때마다 되새기고 연말 안에 이를 이루려면 지금 어느 정도의 진행률을 보여야 하는지 확인하는 것이 현실적이다.

운이 좋으면 남들보다 조금 이른 나이에 성공을 거두기도 한다. 하지만 이때 특히 주의해야 한다. 스스로 우월하다고 생각하기 시작하면 자만에 빠지게 되고, 이 때문에 결국 실수하고 만다. 자만은 우리의 눈을 가린다. 위험이 다가와도 바로 보지 못한다. 자만이 불러온 근거 없는 낙관은 적절한 대처 시기를 놓치게 만든다. 단 한 번의 성공이 앞으로 남은 수십 년의 인생을 책임져주지는 않는다. 오늘 성공했다고 내일도 성공하리라는 보장이 어디 있겠는가. 아직 단단한 뿌리를 갖지 못한 상태에서 거두게 되는 성공은 족쇄가 될 확률이 높다. 한 번의 성공에 얽매여 작은 실패에도 크게 낙담하고, 작은 실패가 두려워 새로운 기회를 잡지 못한다. 그러니 이른 성공은 부러워할 필요도 자랑할 이유도 없다.

부를 과시하는 유튜브 콘텐츠들은 관심과 흥미를 유발하기 위한 경우가 많다. 이를 읽지 못한 채 그 방법들을 100% 믿는 것은 위험하다. 자신만의 생각이나 신념 없이 타인의 성공을 무작정 따라 하는 방법으로 쌓이는 자산은 없다. 사소한 것 하나부터 스스로 고민하고 채워나가야 온전한 내 것을 만들 수 있다. 때때로 부의 죽적에 정체기가 오기도 한다. 자산은 어느 날 갑자기 늘어나기도, 기한 없이 제자리에 머물기도 한다. 부의 축적의 정체기가 오면 다른 방법을 찾아 방황하기보다 잠시 쉬는 편이 낫다. 다른 사람의 부를 보며 자신과 비교하면 초조해진다. 답답한 마음에 유튜브에 들어가보기도 하고 전문가의 강연을 찾아 듣기도 한다. 누군가를 따라 함으로써 나의 불안을 없애고 싶어진다. 이런 섣부른 시도는 길을 잃게 만든다. 차라리 아무것도 하지 말고 다른 일에 관심을 쏟는 것이 좋다. 전문가나 성공한 사람을 따라 하면 잠시 불안감을 떨칠 수는 있을 것이다. 하지만 여기서 가장 큰 손실은 그간 쌓아온 '나만의 방식'을 잃게 되는 것이다. 금선을 잃는 것과는 차원이 다르다. 이를 다시 쌓으려면 지금까지 쏟은 시간과 노력을 다시 투자해야 한다. 당연히 부의 축적은 더뎌지고 의욕도 상실된다.

투자의 결정에 조급함이 끼어들면 엉뚱한 결과를 초래한다. 평소라면 절대 하지 않을 결정을 내리게 되기 때문이다. 초조함이 섞이면 뻔한 위험도 보이지 않는다. 신중하지 못할 바에는 아무것도 하지 말자. 그 시간에 스스로에게 질문을 던지자. 지금 타인과 비교하고 있지는 않은지, 그래서 불안해지지는 않았는지 확인해야 한다. 지금 내가 내리려는 결정이 정말 미래의 수익을 위한 것인지, 단지 불안에서 벗어나기 위함인지 생각해보자.

눈에 보이는 것은
10%에 불과하다

투자 경험이 많고 적음의 차이는 위험을 보는 눈에서 드러난다. 일반적인 투자에서 수익률을 산출해내기는 그리 어렵지 않다. 하지만 그 속에 숨겨진 위험과 비용을 계산해내는 일은 다르다. 표면에 나타나지 않는 것은 놓치기 쉽다. 경험해본 사람에게만 보인다. 경험이 쌓이면 위험을 보는 자신만의 눈이 생긴다. 투자의 경험이 누적되면 표면에 나타나는 수익률만 보는 것이 아니라 이면에 감춰진 위험을 가려내는 능력이 생긴다.

나 역시 투자 초기에는 눈앞의 수익률만 따르느라 급급했다. 몇 년 이후의 수익률은 예상일 뿐이라고 여겼다. 지금은 다르다. 현재의 수익률이 중요하긴 하지만, 그보다는 보이지 않는 위험을 더 세밀하게 살핀다. 나중에 문제가 발생할 부분이 없는지 확인하고, 또 확인한다. 실제로 문제가 발생하면 어떻게 대처할지 계획도 짜본다.

이런저런 상황들을 가정하고 습관처럼 시뮬레이션하다 보면 정말 위험이 닥쳤을 때 당황하지 않을 수 있다. 위험을 보는 눈은 경험과 실수를 통해 성장한다.

투자에는 위험한 만큼 대가(수익)가 따른다. 위험이 적거나 없는 투자는 수익률이 낮아 매력적이지 않다. 투자를 하기로 결심했다면 그 투자에 성공했을 때의 이득보다 실패했을 때의 손실을 따져야 한다. 투자에서는 언제나 성공할 확률보다 실패할 확률이 높다. 투자 상품을 판매하는 노련한 판매자는 보통 그 투자가 성공했을 때의 수익률을 제시하며 홍보한다. 이 상품에 꼭 투자해야만 하는 이유를 논리적으로, 때로는 감정적으로 설명한다. 투자가 성공했을 때의 수익률은 실패했을 때의 손실률을 가려버린다. 이는 마치 두 눈을 가린 채 뚜껑 열린 맨홀 구멍을 지나가게 하는 꼴이다.

사람은 누구나 자신이 보고 싶고 듣고 싶은 것에 집중한다. 그 덕분에 많은 기업들이 수익을 얻는 것이다. 하지만 앞으로는 다르게 생각하는 습관을 들이자. 어떤 투자를 하든 성공 확률보다는 실패 확률을 먼저 파악하는 것이다. 실패부터 계산해보고 최대 손실이 충분히 감당할 수 있는 수준이라면 공격적인 투자가 가능하다. 수익률은 투자가 성공했다는 가정에 기반한 참고 사항일 뿐이다. 우리에게 중요한 것은 '실패해도 얼마나 버틸 수 있는가?'다. 한 번의 실패로 모든 것을 잃게 될 수 있는 상황에서 올바른 결정을 내릴 수 있을까? 그것은 도박판에 전 재산을 털어 넣는 것과 같다.

복권 당첨을 기대하듯이 투자를 결정해서는 안 된다. 투자는 분명 즐겁고 유익하지만, 그 위험도를 판단하는 과정은 결코 즐겁지 않다. 만약 현재 투자가 마냥 즐겁기만 하다면 중요한 것을 놓치고 있다는 뜻이다. 다름 아닌 '손실'이라는 불편한 진실을 말이다. 실패를 따지는 일은 당연히 유쾌하지 않다. 그러나 좋아하는 것만 할 수는 없는 노릇. 불편하고 피하고 싶은 것을 먼저 떠올릴 줄 알아야 한다. 실패 확률을 먼저 생각하면, 투자를 분석하는 과정은 결코 유쾌하지 않다. 손실을 가정하고 얼마나 버틸 수 있을지를 고민하는 게 즐거울 리 없다. 그럼에도 좋아하는 것만 들으려 하지 말고 불편하고 피하고 싶은 것을 먼저 떠올려야 한다.

임대사업에서도 마찬가지다. 나는 늘 보이지 않는 손실부터 고려한다. 예를 들어보자. 요즘은 대부분의 아파트에서 LNG로 난방을 한다. 보통 도시가스라고 하는데, 아파트뿐 아니라 빌라와 단독주택에서도 많이 쓴다. 아파트 투자를 하다 보면 간혹 LPG로 난방을 하는 경우가 있다. LPG 하면 식당에서 쓰는 커다란 연료통부터 떠올리기 쉬운데 가정용 LPG 보일러는 도시가스 보일러와 외관상 별 차이가 없다. 그래서 어떤 연료를 쓰는지 따로 알려주지 않으면 구분하기 어렵다. 하지만 난방비에서는 차이가 나는데, LPG가 도시가스보다 3~4배가량 비싸다. 효율은 LPG가 더 좋아서 계산하면 비슷한 비용이 든다고 생각하는 경우가 많지만, 그렇지 않다.

연료비를 신경 쓰지 않고 LPG 보일러를 사용하면 난방비 폭탄을 맞기 쉽다. 도시가스로 10만 원이면 충분했던 것이 LPG 보일러로는 30~40만 원씩 든다. 이 때문에 겨울이 오는 것이 두렵다. 따라서 소형 아파트를 매입할 때는 보일러의 연료가 무엇인지 확인해야한다. 난방비는 임차인이 부담하지만, 이로 인해 공실이 발생한다면임대인의 문제로 바뀐다. 이런 일이 빈번하거나 한번 생긴 공실이길어지면 결과적으로 투자 수익률에도 영향을 미치게 되어 있다.

오직 수익률이 부의 축적을 판가름하는 것이 아니다. 그보다는위험을 관리하는 능력이 중요하다. 아무리 수익률이 좋아도 한 번의 위험에 무너지는 투자로는 부를 축적할 수 없다. 위험 관리 능력이 뛰어날수록 부의 축적 능력도 성장한다. 위험의 대부분은 눈에보이지 않는다. 위험을 제대로 보지 못하면 눈앞의 수익률에만 몰두하게 된다. 초보 투자자들이 이런 실수를 많이 하는데, 수익률만으로 투자했다가는 그 뒤에 발생하는 위험에 고스란히 노출되고 만다. 수익률은 지속적이지 않다. 하락과 상승을 반복하며 오르다 어느 순간 정체하고, 점차 하락하는 패턴을 보인다. 경험 많은 투자자는 지금의 수익률을 믿는 대신 지금의 수익률이 얼마나 지속될지,수익률이 떨어지기 시작할 때 어떤 식으로 대응할지를 고민한다.정말 소중한 가치가 눈에 보이지 않는 것처럼 치명적인 위험도 눈으로 볼 수 없다. 보이는 것에만 현혹되지 말자. 투자자라면 보이는것에 10%, 보이지 않는 것에 90%의 비중을 두고 접근해야 한다.

경험 많은 투자자는

지금의 수익률을 믿는 대신

지금의 수익률이 얼마나 지속될지,

수익률이 떨어지기 시작할 때

어떤 식으로 대응할지를 고민한다.

부의 축적을 앞당기는
작지만 소중한 소비 원칙

새롭게 돈을 버는 능력과 보유한 돈을 지키는 능력. 부를 쌓는 과정에서 둘 중 어느 것이 더 중요할까? 나는 돈을 지키는 능력, 그중에서도 소비를 통제하는 능력이 중요하다고 생각한다. 부의 축적의 반대편에는 소비가 있다. 단순히 돈을 쓴다고 모두 소비는 아니다. 소비도 투자도 돈을 쓴다는 점에서는 같지만, 그 행위가 가져오는 결과가 다르다. 돈을 쓰고 그 돈이 다른 돈을 불러오면 그것은 투자다. 소비로 쓴 돈은 다시 돌아오지 않는다. 설사 돌아온다고 하더라도 돈이 아닌 다른 형태로 돌아온다. 특히 피해야 하는 것은 잠깐의 만족으로 불안을 잊게 해주는 소비다. 이는 어렵게 모은 부를 내 손으로 훼손시키는 행위라 할 수 있다. 물질로 얻는 만족은 금세 사라지고 다른 만족을 위해 다시 소비하게 만든다.

자산의 무분별한 훼손을 막기 위해서는 소비의 원칙을 세우고 그에 맞는 소비 습관을 가져야 한다. 저축하는 습관도 중요하지만 소비 습관이 올바르게 정립되지 않은 상태에서는 저축이 오래가지 못한다. 부의 축적은 결국 쓰는 법에 따라 갈린다. 흔히 부를 축적하려면 먼저 많이 벌고 많이 쌓아야 한다고 생각하는데, 결코 그렇지 않다. 그 바탕에 소비를 통제하는 습관이 있어야 한다.

소비를 '통제'한다고 하니 무조건 쓰지 않는, 이른바 '허리띠를 졸라매는' 방식을 떠올리기 쉬울 것이다. 하지만 사람이 살면서 소비를 아예 안 할 수는 없다. 삶을 이어가기 위한 지출은 해야 한다. 자존감과 행복감을 위한 지출도 필요하다. 다만 소비에도 순서가 있다. 자존감이나 행복감을 위한 소비는 충분한 현금 흐름을 확보하고 일정한 부가 쌓인 후에 해도 늦지 않다. 사실, 부를 어느 정도 쌓고 나면 자존감을 위한 소비는 크게 필요하지 않다. 내가 쌓은 부가 나의 자존감을 높여주고 삶의 자신감이 되어주기 때문이다. 그렇다고 해서 쓰지 않고 모아두기만 하는 것도 옳지 않다. 이는 돈의 능력을 상실시키는 일이다. 돈은 세상에서 자유롭게 돌아다니고 여기저기 스며들다가 결국 다시 내게 돌아오게 만들어야 한다.

중요한 것은, 결국 지출할 수밖에 없다는 것이다. 그러니 미리 소비 원칙을 잘 세워두지 않으면 어렵게 모은 돈이 금세 사라지고 만다. 이를 막기 위해 갖춰야 하는 소비 습관은 아주 간단하다. 버는 것보다 덜 쓰면 된다. 10개를 벌어 10개를 다 쓰면 남는 것이 없다. 능력을 키워 20개를 벌게 되었는데 20개를 다 쓰면 애써 능력을 키운 보람이 없다. 5개를 벌어 2개만 쓰는 사람은 20개를 벌어 20개를 쓰는 사람보다 부자다. 앞으로 부의 축적을 달성할 확률도 5개 벌어 2개 쓰는 사람이 더 크다.

어차피 소비는 해야 한다. 그렇다면 어떻게 소비해야 현명한 것일까? 이는 소비로 발생하는 효익을 따져보면 알 수 있다. 100을 써서 101을 얻었다면 1이라는 효익이 발생한 것이다. 그런데 대부분의 지출은 100을 써서 50~90을 얻는 데 그친다. 그런데 우리는 왜 소비를 할까? 실제 지출을 할 때 효익에 대해 깊이 고민하지 않기 때문이다. 지출을 할 때마다 매번 효익을 계산하고 판단을 내리고 마침내 실행에 옮기는 것은 너무나 번거롭고 귀찮다. 그래서 소비로 얻는 효익보다 만족감에 무게를 두는 것이다. 만족감을 보고 소비를 했다가 시간이 조금 지나면 생각했던 것보다 효익이 적어 후회한다. 시간이 조금 더 지나면 후회했던 기억이 희미해진다. 그렇게 다시 잠깐의 만족을 위해 형편없는 효익에 상당한 돈을 쓰게 된다.

사실, 결제하는 순간에 머릿속으로는 이 지출로 후회하게 될 것임을 알고 있다. 하지만 만족감에 빼앗겨버린 마음은 불길한 예감은 뒤로한 채 지출의 정당성에 쏠린다. 효익 낮은 지출이 주는 후회는 상당하다. 그 지출만큼의 돈을 다시 모으려면 고통의 시간을 견뎌야 한다는 것도 이미 알고 있기 때문이다.

소비를 통한 만족감에는 한계가 있다. 일정한 수준을 넘어서면 아무리 돈을 써도 허전하다. 물질로 얻는 만족은 늘 그렇다. 갈수록 더 큰 만족을 바라게만 될 뿐, 채워지지 않는다. 소비는 부를 쌓기 위한 준비 과정이자 관리해야 할 습관이다. 고민하지 않고 사는 습관은 구멍 사이로 물이 새는 것과 같이 시간이 갈수록 자산을 갉아먹는다. 지출을 통제하지 않으면서 투자 수익을 높여 더 많은 돈을 벌면 그만이라고 여기는 것은 구멍 난 항아리에 물을 계속 붓는 격이다. 물이 줄줄 새고 있으니 절대 원하는 만큼 채울 수 없다. 부를 쌓겠다고 마음먹고 투자 공부에 시간과 노력을 쏟기에 앞서 나의 지출 습관부터 살펴보자. 고민하지 않고 지갑을 여는 습관, 참지 않고 카드를 꺼내는 습관이 가장 나쁘다.

무언가가 필요하다고 생각되는 때는 당연히 있다. 이때 의식적으로 두 번 정도 다시 고민해보자. 정말 지금 필요한 것인가? 가지고 있는 다른 것으로 대체할 수 없는가? 그렇게 되물어도 반드시 필요하다고 판단된다면 값이 싼 것보다 질이 좋은 것을 골라 구입한다. 값싼 물건은 쉽게 버리게 된다. 다소 가격이 비싸도 오래 쓸 수 있는 물건을 사는 것이 합리적이다. 내 스마트폰에는 쇼핑 관련 앱이 하나도 없다. 싸다는 이유로 대량 구매하여 쌓아두는 일도 없다. 인터넷 검색을 하다가 광고를 보고 충동구매하는 일은 더더욱 없다. 이는 모두 고민하며 소비하는 습관 덕분이다.

또 하나의 좋은 소비 습관은 기다리는 것이다. 지금 필요하다고 생각되어도 며칠만 더 참아보자. 일주일 정도 참고 지내다 보면, 그

것이 없어도 대부분 괜찮다. 정말 필요한 것이 아니라는 뜻이다. 일주일을 보내고도 구입해야겠다고 생각되면 두 번 더 고민하고 결정을 내린다. 직장에 다니며 임대사업도 하는 나는 매월 월급, 임대수익 등 적지 않은 돈이 들어오지만 이를 한 번에 써버리거나 지인에서 의미 없이 거하게 한턱 내는 일이 없다. 대신 의미 있는 자리라면 아무리 비싸도 주저 없이 지갑을 열고, 귀한 인연은 결코 서운하게 대접하지 않는다. 소비도 때를 가려 신중하게 해야 더욱 가치 있는 법이다.

불필요한 소비 습관의 대표적인 예를 들자면 커피가 있다. 출근길에 5,000원짜리 커피를 사 마시는 습관을 가진 사람은 많지만, 이것이 한 달간 쌓이면 10만 원이 넘는다는 것을 인지하는 사람은 많지 않다. 매일 마시는 커피는 습관이다. 안 먹으면 피곤하고 능률이 떨어지는 것 같지만 막상 마시지 않는 습관을 들이면 또 괜찮다. 의미 없이 매일 5,000원을 쓰는 것보다는 특별한 날 10만 원짜리 한 끼를 먹는 것이 낫다. 작은 돈이라도 모으면 유의미하게 쓸 수 있고, 그 의미는 온전히 내 것으로 남는다. 소비로 자존감을 채우는 것만큼 허탈한 것이 없다. 돈이 없을 때는 의기소침하고 돈이 있을 때는 당당해지니 언제나 불안정하다. 아무리 많은 것을 가져도 세상에는 나보다 더 많은 것을 가진 사람이 있기 마련이고, 그런 사람을 만나면 자존감이 수직하락하고 만다.

많이 벌어도 지키지 못하면 남지 않고, 적게 벌어도 지킬 수 있다면 쌓인다. 살다 보면 많이 벌 때도 있고 조금 벌 때도 있을 것이다. 매번 엄청난 돈을 끌어올 수는 없다. 돈 버는 능력이 뛰어나도 타이밍이 안 맞아서, 운이 따르지 않아서, 상황이 좋지 않아서 손해를 보고는 한다. 중요한 것은 돈을 지키는 것이다.

생계를 위한 노동에서
벗어날 것

돈을 버는 가장 단순한 방법은 바로 '노동'이다. 내 몸으로 일해서 일한 시간과 일의 강도에 따라 돈을 받는다. 노동은 내 몸을 이용한 것이기 때문에 일하지 않으면 수익도 끊긴다. 때문에 노동만 믿고 살기엔 좀 불안하다. 노동 시장에서도 희소성에 따라 그 값이 차이 난다. 대체 수단이 많아질수록 값이 떨어지고, 반대로 대체가 어려울수록 값이 비싸진다. 그런데 평범한 일반인이 하는 노동 중에서 대체 불가한 것은 거의 없다. 때문에 안타깝게도 노동만으로 부의 축적을 이루는 것은 쉽지 않다. 노동력 외의 수익원을 찾아야 하는 이유가 여기에 있다. 안정된 직장이 있고 소득에 만족한다고 해도 다른 수익원을 모색하는 일을 멈추면 안 된다. 직장에서는 언젠가 무조건 나와야 한다. 직장에서의 안정감에 파묻혀 있다가는 그 후를 대비하지 못한 채 기회와 시간을 날려버리게 될지도 모른다.

나 역시 직장인이기에 월급이 주는 안정감이 상당함을 잘 알고 있다. 매월 들어오는 현금으로 한 달을 꾸리고 1년을 계획한다. 그렇게 몇 년을 고생하면 드디어 꿈꾸던 목돈이 현실이 된다. 하지만 이렇게 주기적으로 꼬박꼬박 입금되는 월급에는 심각한 위험이 있다. 월급에만 의존하며 살았는데 갑자기 그것이 끊기면 어떻게 될까? 그야말로 소득의 절벽이다. 삶 전체가 흔들리는 일이다. 기존의 생활 패턴을 유지하는 것은 불가능하고, 원하지 않는 일을 하며 원하던 일을 못하게 된다.

월급을 받으며 일하더라도 생계를 목적으로만 일해서는 안 된다. 일을 하는 목적이 생계인데, 생계를 위해 일하지 말라니. 이치에 안 맞는 말 같다. 이 말의 뜻은 월급을 받으며 일하더라도 생계 외에 다른 의미를 찾아야 한다는 것이다. 생계를 위해 일하는 시간을 쪼개 생계가 아닌 다른 의미를 위한 일을 시도해야 한다. 나아가 그 일에 수익이 발생할 수 있도록 노력해야 한다. 본업은 본업대로 두고 수익을 내는 부업을 꾸준히 찾아 다녀야 한다. 가장 좋은 것은 부업 수익이 본업 수익을 앞서는 것이다. 이는 분명 어렵지만 불가능한 일은 아니다. 시간이 없다는 것은 핑계다. 아무리 바빠도 먹고 자는 시간은 있다. 이를 조금씩 줄이면 생각보다 생각보다 많은 시간이 확보된다. 나는 회사에 다니면서 틈틈이 공부해서 3개의 기술자격증을 취득했다. 직접 해보니 시간은 만들기 나름이라는 것을 깨닫게 되었다.

시간을 내어 내가 좋아하는 일, 잘할 수 있는 일을 찾자. 단, 그 일의 최종 목표는 수익을 내는 것임을 명심하자. 삶 전체를 봤을 때 생계형 노동에만 의지하는 것은 위험하다. 나의 인생을 남의 손이 맡기는 것이나 다름없기 때문이다. 일을 그만두고 싶어도 월급에 매여 그러지 못한다. 행여 직장을 잃지는 않을까 소심해지기도 한다. 물론, 나의 직장은 소중하다. 이 역시 나의 노력으로 얻어낸 성과다. 그렇다고 해서 직장이 내 인생의 전부가 될 수는 없지 않은가.

　안정된 시스템에서 벗어나 오로지 자신의 능력으로 수익을 낼 방법을 찾아야 한다. 아주 작은 부의 씨앗을 발견하는 것에서부터 시작하자. 누구나 자신만의 부의 씨앗을 가지고 있다. 이를 잘 키워 나가면 어느새 튼튼하고 울창한 나무로 자라 태풍이 몰아쳐도 흔들림 없이 나의 자산을 지켜줄 것이다.

누구나 자신만의 부의 씨앗을 가지고 있다.

....

이를 잘 키워나가면

....

어느새 튼튼하고 울창한 나무로 자라

....

태풍이 몰아쳐도 흔들림 없이

....

나의 자산을 지켜줄 것이다.

....

STEP 3
탐색

내게 주어진 부를 찾아
떠나는 여행

세 번째 장에서는 본격적으로 내게 주어진 부를 찾아봅니다. 누구나 자신에게 주어진 부가 있습니다. 이를 적극적으로 탐색하고 탐험하는 사람만이 원하는 만큼의 부를 얻을 수 있습니다. 흩어진 부를 끌어모으려면 스스로 그것을 누릴 가치가 있는 사람이 되어야 합니다.

그렇습니다. 가장 중요한 것은 역시 가치입니다. 나는 세상에 어떤 가치를 전할 수 있을까요? 그것이 내게 잘 돌아오도록 만들려면 어떻게 해야 할까요? 지금부터 그 방법을 함께 고민하고 내게 어떤 가능성이 있는지 자세히 들여다보려 합니다.

문제 해결이
곧 돈이다

남의 지갑을 열기란 참 어려운 일이다. 이는 돈 벌기가 그만큼 어렵다는 말이기도 하다. 돈을 버는 일은 돈을 주는 사람에게 그에 상응하는 가치를 주는 일이다. 다시 말해, 돈 벌기가 어렵다는 건 가치를 제공하기 어렵다는 말과 같다. 돈을 많이 벌고 싶다면 많은 사람들에게 가치를 제공하거나 엄청나게 큰 가치를 제공하면 된다. 작은 가치로도 돈을 벌 수 있다. 수만 명에게 그 가치를 제공할 수 있으면 가능하다. 엄청나게 큰 가치를 생산해낸다면 단 몇 사람에게 제공하는 것만으로도 큰돈을 벌 수 있다. 단, 그 사람들이 자신의 재산 절반을 지불해도 아깝지 않을 만큼 대단한 가치여야 할 것이다.

보통 사람이 수만 명에게 영향을 주며 돈을 벌기란 쉽지 않다. 처음부터 많은 사람을 대상으로 하기보다는 확실히게 내게 지갑을 열 소수의 사람들을 찾는 것이 낫다. 그들의 문제를 해결해줌으로써 돈을 번다. 정리하자면, 보통 사람이 돈을 벌려면 타인의 문제를 해결해주거나 그 사람이 원하는 것을 채워줘야 한다.

돼지갈비 식당에서는 손님들이 식사를 마치고 떠나면 타버린 양념이 덕지덕지 엉겨 붙은 불판이 수북이 쌓인다. 그것을 말끔히 닦아내야 다음 손님을 맞을 수 있다. 식당 사장님에게는 그 일을 해줄 누군가가 필요하다. '더러운 불판'이란 문제를 해결해주는 사람에게 그 대가로 돈을 지불하는 것이다. 이 일은 신체 건강한 사람이라면 누구나 할 수 있다. 누구나 해결할 수 있는 어려움은 상대적으로 가치가 덜할 수밖에 없다. 그러니 원하는 만큼의 돈을 벌기는 어렵고 몸만 고되다. 이렇게 낮은 가치를 제공해서는 스스로 가치 있는 사람이라고 느끼기 힘들다. 높은 가치를 제공해 그에 맞는 대가를 받으면 자존감이 높아진다.

자, 돈을 번다는 것의 본질을 생각해보자. 남에게 돈을 받으려면 그 돈에 상응하는 것을 줘야 한다. 단순한 부탁이나 요청으로 해결하지 못하는 문제들을 위해 사람들은 돈을 지불하며 그것을 해결해줄 수 있는 사람을 찾는다. 문제는 없지만 원하는 가치가 있을 때도 돈을 지불한다. 필요로 하는 가치를 제공해주는 사람에게 돈을 주고 그 가치를 얻는다. 자본주의 사회에서 대부분의 가치는 그에 합당한 돈을 내야 얻을 수 있다. 돈은 그냥 벌 수 있는 것이 아니다. 전문직이 높은 연봉을 받는 것은 그 자격을 얻기 위해 남들보다 많은 시간과 노력을 들였기 때문이다. 그들은 일반적이거나 사소하지 않은 문제를 해결하며 높은 층위의 가치를 제공한다.

돈은 문제 해결과 가치 획득을 위해 타인에게 지불하는 수단이다. 스스로 해결하지 못하는 문제나 창출할 수 없는 가치를 얻으려면 돈이 필요하다. 반대의 입장에서, 돈을 벌려면 타인의 문제를 해결해주거나 가치를 제공해줘야 한다. 즉, 돈은 문제 해결과 같다. 돈을 어떻게 벌지 고민하는 것은 타인의 문제를 어떻게 해결할지 고민하는 것이다. 일반적인 해결로는 남들과 비슷하거나 남들보다 못한 돈을 번다. 같은 문제도 남들과 다르게 해결할 때 높은 대가를 얻을 수 있다.

투자를 잘해서 돈을 벌 수도 있지만 매번 잘할 수는 없는 일이다. 실패의 경험이 한 번도 없는 투자자는 세상에 없다. 투자는 돈을 유지하거나 불리기 위한 것이지 돈을 버는 방법은 아니다. 지속적으로 높은 수익을 얻으려면 타인의 문제를 어떻게 해결할 것인가에 집중해야 한다. 그냥 끼니를 때울 때 쓰는 돈과 특별하고 맛있는 식사에 쓰는 돈은 다를 수밖에 없지 않겠는가? 받은 만큼 주고, 주는 만큼 받는 단순한 이치다.

임대사업을 예로 들어보자. 임대사업에서는 임차인들에게 어떤 가치를 제공할지 고민해야 한다. 나의 경우 청결과 안전, 편안함을 최우선 가치로 여기고 있다. 임차인이 마땅히 제공받아야 할 이 세 가지 가치에 들어가는 비용은 아끼지 않는다. 매월 임차인에게 받는 월세에 합당한 가치를 제공하지 못한다면 그들은 더 좋은 환경을 찾아 떠날 것이기 때문이다. 그렇게 발생한 공실을 메우려면 월세를 낮춰야 하고, 그럼 나의 수익은 줄어든다. 가치의 수준에 따라 수익의 수준도 달라진다.

사업의 목적은 수익 창출이다. 그래서 나도 사업 초기에는 수익과 비용 측면에만 몰두했다. 첫째로는 보증금을 낮추고 월세를 높인다. 그럼 다달이 들어오는 수익이 즉각적으로 늘어난다. 둘째는 비용을 줄여 수익률을 높이는 것이다. 벽지나 장판 등 내부 수리에 들어가는 비용이 적지 않아 이를 줄인다. 그런데 문제가 발생하기 시작했다. 보증금을 낮추니 자금력이 약한 임차인들이 입주했고, 그들은 자주 월세를 연체했다. 보증금이 적어서 임차인이 집을 함부로 써서 발생하는 수리비도 제대로 충당할 수 없었고, 그저 빨리 나가주길 바라며 손해를 감수해야 했다. 벽지와 장판 교체를 게을리했더니 월세 계약이 잘 성사되지 않았다. 같은 값이면 깨끗한 집을 선택하는 것이 당연한 일이다. 수리비를 아끼려면 임차인이 집을 깨끗이 사용해야 하는데, 임대인 마음처럼 될 리 없다. 이 때문에 나가는 임차인과 감정싸움도 종종 벌어진다.

수익과 비용 측면에서만 임대사업을 운영하니 마음은 배로 힘든데 딱히 수익이 늘지는 않았다. 이렇게 몇 차례의 경험을 한 후 나는 임차인에게 제공할 가치에 집중하기로 했다. 비용이 좀 들더라도 기꺼이 투자했다. 시간이 흐르고 나니 이는 오히려 비용을 줄여주는 효과를 가져왔다. 보증금은 좀 높지만 월세가 낮고 쾌적한 컨

디션의 집에 임차인들은 만족했고, 계약을 연장하는 경우가 많았다. 임차인이 바뀔 때마다 들어가게 되는 돈을 줄인 셈이다. 상대적으로 자금력이 우수한 임차인을 만나게 되니 월세 체납도 줄었고, 감정적인 분쟁에서 오는 스트레스가 급격히 줄어든 것은 말할 것도 없었다.

돈을 벌 때는 문제 해결에 초점을 맞춰야 한다. 사람들의 문제를 파악하고 이를 어떻게 해결할지 고민하자. 남들보다 뛰어나고 빠르게 그 문제를 해결하는 능력을 갖춘다면 그들은 내게 얼마든지 돈을 지불할 것이다.

수익의 크기가 아닌 구조에 포커싱하라

월급이 주는 편안함에 안주하면 부의 축적에 소홀해진다. 굳이 무언가를 찾아 공부하고 실천하지 않아도 매달 들어오는 월급을 믿으며 편하고 여유로운 주말을 보낸다. 이러한 안락함에 가려져 부의 축적은 나와 상관없는 일처럼 느껴지기도 한다. 지금 받는 연봉으로 부를 쌓기는 어려울 것 같고, 그렇다고 당장의 삶이 빠듯한 것은 아니니 새로운 시도를 할 필요도 크지 않다. 그런데 여기서 한 가지 의문이 생긴다. 정말 근로소득은 부의 축적에 방해가 될까? 10여 년째 직장생활과 임대사업을 병행하고 있는 나의 답변은 '꼭 그렇지만은 않다'다. 근로소득만으로 부자가 될 수는 없지만, 근로소득이 있으면 부의 축적을 더 빠르게 달성할 수 있다. 나는 16년째 근로소득을 얻고 있지만 그것으로만 만족한 적은 없다. 많고 적음의 문제가 아니라, 일하지 않아도 저절로 소득이 생기는 수익 구조를 갈망

했기 때문이다. 단순히 돈을 많이 버는 것이 목적이었다면 장사를 했을 것이다. 성공적으로 자영업을 운영 중인 지인들을 보면 보통 직장인들의 월급 정도는 단 며칠이면 번다. 마침내 그러한 수익 구조를 갖추게 된 지금, 돌이켜보면 근로소득이 나의 목표 달성에 많은 도움이 되었다.

그렇다면 우리는 근로소득을 어떻게 활용할 수 있을까? 많은 직장인들이 월급에서 얼마를 떼어 펀드에 투자하곤 한다. 매일 출퇴근하는 것도 버거워 직접 투자하기가 부담스러울 때 펀드만큼 그럴싸해 보이는 것도 없기 때문이다. 간접 투자인 펀드는 전문가가 나의 자산을 대신 운용하고, 나는 그 대가로 수수료를 지불하는 방식이다. 일정한 시스템 안에서 이뤄지는 것이기 때문에 펀드로 얻을 수 있는 수익률은 보통 제한적이다. 원금 손실을 관리하기에는 좋지만 동시에 수익도 한정되는 것이다. 시스템 안에서 투자하면서 시스템을 벗어난 고수익을 바라는 것은 불가능하다. 한정된 시스템 안에서는 상위 1%와 하위 1%가 눈에 띄기 마련이다. 이들이 매스컴에 자주 언급되는 이유도 대중이 그들을 의식하고 있기 때문이다. 사람들은 상위 1%가 되기 위해 노력하고, 하위 1%가 되지 않기 위해 고군분투한다. 시스템 투자의 또 다른 대표적인 예가 주식이나 코인 투자다. 주식 투자에 성공한 상위 1%의 삶은 화려하다. 그러나 그 삶은 말 그대로 상위 1%, 극소수이기에 가능한 것이다.

정형화된 시스템 안에서 한정적인 수익률를 노리기보다 스스로 창의적인 수익 구조를 만들어보면 어떨까? 사람마다 다른 상황에서 다른 재능을 가지고 살아간다. 따라서 만들 수 있는 수익 구조도 모두 다르다. 이렇게 직접 만든 수익 구조에서 얻는 소액은 시스템 안에서의 수익보다 훨씬 유의미하다. 시스템 안에서는 시스템을 바꿀 수 없지만 내가 만든 수익 구조 안에서는 얼마든지 변화와 발전이 가능하기 때문이다.

나만의 수익 구조를 만들기로 결정하고 수익원을 찾아 나설 때 주의할 것이 있다. 처음부터 수익의 크기에 연연하면 안 된다는 것이다. 초기 수익은 아주 작고 소박한 것이 당연하다. 작아도 월급 외의 수익원을 개발하는 것 자체에 의미를 두자. 수익이 작아도 그 구조를 직접 설계하는 과정은 쉽지 않다. 몇 달씩 진전이 없거나 애써 만들어낸 수익원이 예상보다 일찍 끊겨버리는 경우도 있다. 수익원 자체에 한계가 있거나 주변 상황이 달라져 수익을 낼 수 없게 된 것이다. 그렇다고 해서 멈추면 안 된다. 실패는 더 큰 수익원을 만들기 위한 과정의 일부다. 공부한다는 마음으로 경험을 쌓으면서 주변에서 일어나는 일들을 예의 주시하는 자세가 필요하다.

그렇다면 이 수익 구조에서 우리의 근로소득은 어떤 역할을 할까? 간혹 어떤 이들은 '꼬박꼬박 월급이 들어오기 때문에 굳이 다른 수익원을 만들 필요가 없다'라며 근로소득을 핑계 아닌 핑계로 삼는다. 이를 거꾸로 뒤집으면 '다른 수익원이 있으면 월급은 없어도 된다'가 된다. 과연 그럴까? 결론부터 말하자면, 전혀 그렇지 않다. 현재 수익 구조를 만들고 있고 이를 위해 시행착오를 겪고 있다면 근로소득을 절대 포기하면 안 된다. 나의 수익 구조가 불완전해 보일 때 이를 직장생활에 시간을 많이 뺏기기 때문이라고 생각하는 경우가 많다. 하지만 직장을 그만둔다고 수익 구조가 단단해지거나 수익률이 높아지지는 않는다. 오늘날 우리는 직장을 다니면서도 얼마든지 수익 구조를 개발하고 발전시킬 수 있다. 관련 지식과 정보가 온라인상에 가득하니 굳이 발품을 팔며 많은 시간을 쏟을 필요가 없다. 당장의 권태나 피로에 속지 말자. 부의 축적을 위해서는 전략적이고 효율적으로 생각해야 한다. 정기적인 소득은 원하는 수익 구조를 구축하는 데 큰 보탬이 된다.

수익이 아닌 수익 구조를 목적으로 삼으면 나의 근로소득을 대하는 마음가짐도 달라진다. 어떤 조직도 공짜로 월급을 주지 않는다. 근로자의 시간과 노동을 돈으로 사는 것이다. 회사에서 일하는 동안 근로자는 나의 시간과 생각을 회사의 관점에 맞춰야 한다. 회사가 원하는 것과 반대 방향으로 일하거나 아예 일하지 않는다면 그것은 근무 태만이다. 근로소득자는 회사가 기대하는 노동을 제공하고 그에 상응하는 급여를 받는다. 그 의미를 절하해서는 안 된다. 그 가치를 인정하고 활용할 수 있어야 한다. 바라보는 관점을 바꾸면 월급은 생계를 위해 어쩔 수 없이 버는 돈이 아닌 나의 미래와 꿈을 지원해주는 서포터가 된다. 그러니 월급을 핑계 삼지 말자. 월급에는 아무런 죄가 없다. 그것에 안주하려는 마음이 문제다.

직장에 다니면서 할 수 없는 일은 퇴사 후에도 할 수 없다. 또한 그곳에는 수익과는 별개의 의미가 존재한다. 처음 취업을 하기 위해 얼마나 많은 노력을 쏟았는지 떠올려보자. 직장은 우리가 치열한 경쟁을 뚫고 쟁취해낸 성과이자 나의 삶을 스스로 꾸려나갈 수 있게 된 계기다. 많은 시간을 공유하며 서로 도와주고 이끌어준 동료들과 함께 발전시켜온 곳이기도 하다. 그런 의미들을 섣불리 내려놓는 것은 어리석은 선택이다. 회사에 다니느라 부를 쌓지 못했다는 말은 핑계에 불과하다. 직장이 아니라 나의 의지가 문제다. 의지가 있다면 직장은 부의 축적 과정에 걸림돌이 아닌 디딤돌이 되어줄 것이다.

투자를 위해, 돈을 벌기 위해, 부를 쌓기 위해 퇴사하는 것에 나는 반대한다. 도전은 직장에 다니면서도 얼마든지 가능하다. 열심히 노력한 끝에 수익 구조의 규모가 너무 커져서 직장을 그만두지 않고서는 유지할 수 없는 때가 오기 전까지 퇴사는 금물이다. 월급에 기대어 안주하지만 않으면 된다.

회사에 다니느라

부를 쌓지 못했다는 말은 핑계에 불과하다.

직장이 아니라 나의 의지가 문제다.

의지가 있다면 직장은 부의 축적 과정에

걸림돌이 아닌 디딤돌이 되어줄 것이다.

돈 모으기의 다음 단계는 돈 만들기

자본주의 사회에서 돈을 모으는 것은 일종의 수행이자 자기 관리다. 돈을 많이 벌어도 모으지 않으면 그저 스쳐지나갈 뿐, 남는 것이 없다. 그렇다면 무조건 돈을 모으기만 하면 될까? 그럴 리가 없다. 돈을 모으면서 그 경험을 되새기며 모은 돈으로 다음 돈을 어떻게 불러들일지 고민해야 한다. 부를 축적하기 위해서는 돈을 만들어야 한다. 즉, 수익을 창출하는 구조를 짜야 한다. 직장에서 받는 월급은 노동의 대가이지 수익 구조가 될 수 없다. 수익 구조란 이미 모은 자산들이 스스로 돈을 불러오는 시스템이다.

소액이라도 돈을 만드는 연습을 하는 것이 중요하다. 일하지 않아도 수익 구조에서 돈이 만들어지도록 해보자. 처음에는 수익이 적고 효율도 낮아 비용이 많이 들어갈 것이다. 여기서 포기하지 말고 꾸준히 보완해나간다. 단번에 굉장한 수익 구조를 만들어내는 사람은 거의 없다. 만약 누군가 그런 수익 구조가 있다며 권한다면 그것은 사기다. "아주 작은 돈을 크게 불릴 수 있다!"라는 말은 사기꾼들이 즐겨 사용하는 수법에 불과하다. 남이 만든 수익 구조에 편승해 쉽게 돈을 벌겠다는 헛된 기대는 내려놓도록 하자. 단기간에 월급 외의 수익을 어느 정도 냈다고 마냥 좋은 것도 아니다. 그 잠깐의 운에 만족하며 더 나아가기 위한 노력을 게을리하기 쉽기 때문이다. 그보다는 여러 시행착오를 거치더라도 나만의 노하우를 쌓는 것이 좋다. 인생에는 '한 방'이 없다. 행운과 기회도 그동안 열심히 준비해온 사람에게 다가오기 마련이다.

노동해서 번 돈과 수익 구조에서 창출되는 돈은 그 성격이 다르다. 경제적 자유를 위해서는 노동을 통해 번 돈보다 수익 구조에서 만들어지는 돈이 많아야 한다. 당장의 수익 구조가 다른 사람들의 것에 비해 작고 초라해 보인다고 실패한 것이 아니다. 결과에 시선을 빼앗기지 말고 그 배경의 노력과 수고를 읽어내야 한다.

'돈이 돈을 번다'라는 말이 있다. 기업만 봐도 자본금이 있어야 사업을 시작할 수 있다. 돈 없이 돈을 버는 것은 환상에 가깝다. 수천 분의 일의 확률에 전 재산을 거는 도박이 아닌 정상적인 방법으로 수익을 내려면 종잣돈이 필요하다. 그런데 약간의 종잣돈을 마련하고 나면 유혹의 손길이 찾아온다. 사기꾼들은 남들보다 빨리 돈을 모으고 싶고, 이를 과시하고 싶어 하는 사람을 귀신같이 알아본다. 처음에는 정말 수익이 생긴다. 적은 돈으로 더 많은 돈을 벌고 나면 돈을 더 투입해서 훨씬 많은 돈을 벌 수 있을 것 같은 희망 회로가 켜진다. 그렇게 무리해서 대출을 받고, 모든 것을 잃게 된다. 아주 익숙한 패턴이 아닌가? 뉴스에서 수없이 들어본 이 뻔한 패턴의 사기에 해마다 수많은 피해자가 발생한다. 그 피해자 중 한 사람이 되지 않으려면 적은 돈으로 인생을 바꿔보겠다는 생각 자체를 버려야 한다. 종잣돈을 모았다면 건실하고 합리적인 수익 구조를 만드는 데 투자해야 한다.

우선 작은 돈을 잘 모으고 관리해서 목돈을 만드는 일에 집중한다. 원하는 만큼 돈이 모였다면, 그사이 공부하고 설계해둔 수익 구조에 과감히 사용한다. 올바르게 설계해두었다면, 돈이 돈을 버는 일을 실제로 경험하게 될 것이다. 수익 구조가 얼마나 정교하고 뛰어난지에 따라 부의 축적의 정도가 달라진다. 수익 구조가 미흡한 사람에게 1,000만 원을 주면 원금도 보전하지 못할 것이다. 평범한 수익 구조를 가진 사람에게 1,000만 원을 주면 연간 몇 % 수준의 수익을 얻을 것이다. 그런데 훌륭한 수익 구조를 갖춘 사람에게 1,000만 원을 주면 몇 배, 몇십 배의 수익을 낸다.

자본주의 사회에서 살아가는 우리는 모두 각자의 수익 구조를 가지고 있다. 그것이 얼마나 효율적이고 수익성이 높은지가 다를 뿐이다. 나의 수익 구조를 발전시키는 일은 온전히 스스로의 몫이다. 돈이 돈을 벌게 하려면, 돈이 돈을 많이 벌게 하려면 수익 구조를 개발하는 일에 소홀해서는 안 된다.

부의 축적은
불을 피우는 것과 같다

야외에서 불을 피워본 적이 있는가? 한 번에 불을 붙이기가 의외로 어렵다. 완벽한 도구를 갖춰도 바람, 습도 등의 영향으로 인해 불씨가 제대로 붙지 못하고 사그라들기 일쑤다. 한 번에 불이 붙으려면 모든 조건이 들어맞아야 한다. 그렇게 조건이 잘 맞으면 작은 불씨가 연기를 일으키며 점점 큰 불로 자란다. 부를 축적하는 것도 이와 크게 다르지 않다. 외부의 환경과 내적인 노력이 잘 맞을 때 연기가 일면서 불이 붙는다. 일단 불을 일으키는 데 성공했다면, 그 작은 불을 크게 키우기는 좀 더 수월하다. 부의 축적도 마찬가지다. 일정 수준의 부를 축적했다면 그다음 단계로 나아가기는 훨씬 쉽다. 세상에 없던 불을 새로이 만들어내기는 어렵다. 하지만 한번 만들어낸 불씨는 잘 타오르도록 적절히 관리해수면 오래도록 꺼지지 않는나.

처음의 작은 불씨를 만들어내는 방법으로는 여러 가지가 있다.

원시적으로는 부싯돌이나 마른 나무를 이용하는 방법이 있고, 라이터나 토치가 있다면 더 쉽게 불을 붙일 수 있다. 쉽게 하든 어렵게 하든 일단 불씨를 만들어내기만 하면 그다음부터는 같다. 불이 타오르면 부싯돌이나 라이터는 의미가 없어진다. 이 부싯돌과 라이터를 우리가 흔히 말하는 '흙수저'와 '금수저'에 빗대어보자. 부싯돌을 가진 사람은 흙수저, 라이터를 가진 사람은 금수저일 것이다. 흙수저가 수십 번 돌을 부딪히는 동안 금수저는 한 번 손가락을 움직이는 것으로 간단히 불을 붙인다. 그날의 습도나 온도, 바람 등이 맞지 않기라도 하면 흙수저는 불을 붙이는 데 상당한 어려움을 겪을 것이다. 어쩌면 하루 종일 시도해도 실패할지도 모른다.

재미있는 것은 불이 붙고 난 뒤의 상황이다. 금수저든 흙수저든 불을 붙이는 데 성공하면 동등해진다. 아무리 금수저라도 라이터로 불을 유지할 수는 없다. 라이터는 불을 붙이는 용도이기 때문이다. 부싯돌도 마찬가지다. 여기서 불을 유지하는 것은 곧 부를 축적하는 것이라 할 수 있다. 부의 축적은 일단 시작하고 나면 동일한 선상에서 진행된다. 시작하는 방법이 다를 수는 있어도 그다음은 각자의 노력에 달려 있다는 뜻이다. 살아난 불길을 크게 키우려면 나무나 기름 같은 연료를 계속해서 공급해줘야 한다. 그렇게 불을 키우면 이전보다 덜 노력해도 불길을 이어갈 수 있다. 부의 축적도 똑같다. 특정한 수준에 도달하면 이전만큼의 노력을 쏟지 않아도 이미 쌓인 부가 스스로 다른 부를 이루는 단계로 발전한다.

불을 잘 피우기 위해 가장 먼저 해야 하는 일은 지금 나의 상황을 명확히 직시하는 것이다. 내가 어떤 자원을 가지고 있는지 객관적인 시선에서 점검해보자. 나는 라이터를 가지고 있는가? 아니면 부싯돌을 가지고 있는가? 무엇을 가졌는지는 중요하지 않다. 무엇을 가지고 있는지 알고 이를 잘 사용하기 위한 방법을 모색하는 것이 중요하다. 남의 것을 훔쳐보며 부러워할 것 없다. 나의 강점을 정확히 파악하자. 약점을 보완하는 데에는 많은 시간과 자원이 필요하다. 그보다 강점에 집중하는 편이 효과적이고 현실적이다. 강점을 극대화하여 약점까지 보완하는 단계에 이른다면 더없이 좋을 것이다. 다음으로 해야 하는 일은 꾸준하고 일관적인 실천이다. 이는 부를 축적하는 동력이 된다. 중국의 속담 중 '아무리 작은 일이라도 성심을 다해 10년간 매진하면 힘이 되고, 20년간 매진하면 모두가 두려워할 거대한 힘이 되고, 30년을 이어가면 모두에게 기억되는 역사가 된다'라는 말이 있다. 올바른 방향을 잡고 일관되게 나아간다면 자산은 커지게 되어 있다.

그렇다고 해서 부싯돌을 가진 사람이 라이터를 가진 사람을 부러워하고만 있으면 어떻게 될까? 자신의 부싯돌이 하찮아 보이고, 더 편한 방법을 찾게 된다. 하지만 그 부싯돌마저 없다면 불을 붙이려는 시도도 불가능할 것이다. 물론, 부싯돌로 불을 붙이는 것은 너무나 고되다. 임청난 시간과 노력이 들고, 그만큼 노력해도 성공한다는 보장이 없다. 운이 나쁘면 며칠씩 고생하고도 작은 불씨조차

보지 못할 수도 있다. 하지만 그럼에도, 없는 것보다는 낫다. 시작할 수 있기 때문이다.

부러움은 자신이 가진 좋은 도구를 사용하기 위한 노력의 의지를 꺾어버린다. 다른 사람의 눈을 의식할 필요는 없다. 나의 내면에 집중해서 어떤 자원을 어떻게 개발할 수 있는지 파악해야 한다. 그렇게 파악한 자원으로 불씨 만들기를 시작하라. 라이터가 없다고 좌절할 필요도 없다. 작은 불씨라도 일으키는 데 성공한다면 라이터는 없어도 된다. 비록 라이터를 가진 사람보다 더 많은 노력이 들어가겠지만 시도하려는 마음 자체가 무엇보다 중요하다. 그렇게 시도한 끝에 불씨를 피우는 데 성공했다면 그때부터는 동일선상에서 경쟁한다. 그리고 그 경쟁에서는 이제까지 노력해서 쌓은 경험과 실력이 나의 부를 지켜줄 것이다.

살아난 불길을 크게 키우려면

....

나무나 기름 같은 연료를 계속해서 공급해줘야 한다.

....

그렇게 불을 키우면 이전보다

....

덜 노력해도 불길을 이어갈 수 있다.

....

부의 축적도 똑같다.

....

일단 시작해야
다음이 있다

부를 쌓기로 마음먹었다면 현재의 상황이 어떻든 일단 시작하는 것이 중요하다. 책을 읽거나 강연을 듣는 노력도 좋지만 그것만으로는 변화할 수 없다. 책을 많이 읽는 것보다 책 속의 한 문장을 실천하는 것이 변화에 이롭다. 일단 지금 해야 한다. 생각만 하는 것과 직접 겪어보는 것은 천지 차이다. 뻔하다고 생각했던 상황도 직접 겪어보면 다른 대처 능력이 생긴다. 돌발 상황을 많이 겪어볼수록 큰 위험까지 이르지 않고 해결할 수 있는 힘을 쌓게 된다.

20~30대의 가장 큰 자원은 시간이다. 어떤 일이든 10년 동안 지속하면 일정한 수준에 오를 수 있다. 월세수익형 부동산에 집중해 10년간 투자하면 꾸준한 현금 흐름의 구조를 갖출 수 있고, 시세차익형 부동산에 10년간 투자하면 거액의 자산을 만들 수 있다. 주식 시장에 갓 뛰어든 초보 투자자와 10년 동안 버티면서 성장한 투자

자가 같을 수는 없다. 단, 이때의 10년 역시 무작정 보내는 것이 아니라 계획이 있어야 한다. 10년 전체의 계획을 세우고 이를 1년 단위로 쪼개어 다시 세부 계획을 세운 뒤 실천에 옮긴다. 우리에게 주어진 선택지는 두 가지다. 한 번 해보는 것과 한 번도 해보지 않는 것. 결국 포기하게 되더라도 한 번 시도해본 것은 그렇지 않은 것과 전혀 다른 결과를 가져온다.

내가 처음 임대사업을 시작한 것은 2010년, 28살이 되던 해였다. 그보다 늦게 시작했다면 지금의 수준까지 이르는 데 더 많은 시간이 걸렸을 것이란 생각이 든다. 임대사업은 퇴직 후에 충분한 자금을 마련하여 시작하는 것이라 여기는 경우가 많은데, 임대사업 역시 일찍 시작할수록 다양한 기회를 얻고 많은 경험을 쌓을 수 있다. 빠른 시작을 적극 권하는 이유 중 하나는 실패에 부담이 적다는 것이다. 부의 축적은 긴 여정이고, 실패는 그 여정에 반드시 수반되는 일부다. 하지만 인생의 후반기에 겪는 실패는 젊을 때 겪는 것보다 타격이 크다. 회복에 필요한 시간과 체력이 아무래도 부족하기 때문이다.

앞서 경매로 처음 부동산 투자를 하게 되었다는 이야기를 했었는데, 사실 꼭 경매여야 했던 것은 아니다. 원하던 물건이 합리적인 가격에 경매로 나왔기 때문이었다. 일반 매매에서도 같은 가격으로 살 수 있었다면 굳이 경매를 택하지 않았을 것이다. 나의 목적은 '경매'가 아니라 '그 부동산을 취득하는 것'이었다. 당시 나는 경매를 잘하기 위해 따로 공부하지 않은 상태에서 일단 시작했다. 그리고 그 후로 다시 경매를 한 적은 없다. 나의 성향과 상황, 투자 방향 등과 경매 방식이 맞지 않는다고 느꼈기 때문이다. 만약 학원에 다니거나 관련 책을 사서 공부한 뒤에 경매를 시작했다면 지금과 달랐을까? 그렇지 않을 것이다. 많이 공부한다고 나의 성향이 바뀌지는 않을 테니 말이다. 나중에 투자 상황이 크게 달라진다면 모를까, 지금까지는 경매에 특별히 흥미가 없다. 수백 시간씩 공부해도 실제로 행동해보지 않으면 진정한 내 것이 되지 않는다. 직접 투자해보고 나와 맞는 방법을 찾아 오래 지속해나가는 것이 현명하다.

물론, 성실히 공부하는 자세는 훌륭하다. 공부한 만큼 지식이 쌓이고 보다 넓고 깊게 생각하는 힘을 가질 수 있다. 문제는 공부만으로는 부가 쌓이지 않는다는 것이다. 열심히 부동산과 주식과 코인을 공부하면 언젠가 거대한 부를 가질 수 있을까? 그렇게만 된다면 모든 사람이 투자 공부에 온 인생을 쏟을 것이다. 하지만 부는 도전과 실패 없이 저절로 쌓이는 법이 없다. 자본주의 사회의 구조는 지정된 순서대로 오차 없이 작동되는 신호등 점등 시스템처럼 정확하고 치밀하다. 그런데 이 점등 시스템을 안다는 것만으로는 길을 건널 수 없다. 길을 건너려면 횡단보도 앞에 서서 녹색등이 켜질 때까지 기다려야 한다. 마찬가지로 자본주의 시스템을 이해한다고 해서 수익이 발생하지 않는다. 투자를 해야 수익이 난다. 세상에 머릿속으로만 하는 투자는 없다. 직접 사고팔아보면서 부딪혀봐야 한다.

부동산 공부만으로 부동산을 가질 수는 없다. 수백만 원을 들여 경매 공부를 한 사람이라도 직접 입찰해본 경험이 없으면 경매 초보자와 똑같다. 주식 공부를 많이 한다고 수익률이 엄청나게 오르지 않는다. 그렇다고 공부의 가치를 폄하하는 것은 아니다. 공부는 부의 축적에 반드시 필요하다. 다만, 공부 자체에 몰두한 채 부를 쌓고 있다고 착각하는 것은 경계해야 한다는 이야기다. 공부는 그것을 활용했을 때 의미가 있다. 그래서 '일단' 시작해야 한다는 것이다. 실행하지 않으면 아무리 많고 전문적인 지식을 가져도 소용이 없다. 학창 시절에 공부했던 것처럼 하나부터 열까지 필기하고 암기하는 방식은 투자 공부에 맞지 않다. 100% 이해하는 것을 목표로 두는 것이 아니라 모르는 것을 발견하는 데 집중해서 공부하고, 부족한 부분을 경험해가면서 체득해야 진짜 살아 있는 지식을 얻게 된다. 공부를 많이 했다는 뿌듯함이 수익을 보장하지 않는다. 투자는 실전이고, 공부가 목적인 공부 말고 투자가 목적인 공부를 해야 실전에서 효과가 있다.

처음부터 능숙하게 잘하는 사람은 없다. 직장생활 16년 차인 지금의 나는 내 업무에 있어서는 베테랑이지만 다른 분야에서는 초보다. 한 분야에서만 오래 일한 사람일수록 새로운 분야에 도전했다가 실패하게 되는 것을 두려워하는 경향이 있다. 그래서 실천하지 못하고 죽어라 공부만 하게 되는 것이나. 하시만 그렇게 열심히 공부해서 책이나 강연, 유튜브 콘텐츠에서 아무리 유익한 정보와 좋은 팁을 알게 되었어도 실천해보지 않으면 내 것이 되지 않고, 결국 머릿속에서 휘발되어버린다.

나는 회사를 다니면서 다양한 자격증을 취득했다. 그중에는 직무와 전혀 상관없는 기술자격증도 있다. 평소 자동차 정비와 용접 기술에 관심이 컸는데, 자격증을 따기 어렵다는 이야기를 듣고는 더욱 도전 욕구가 불타올랐다. 이 기술들은 워낙 까다로워서 자격증을 따려면 많은 시간을 쏟아야 한다. 그래서 직장생활과 병행하며 공부하기는 불가능에 가깝다는 이야기를 많이 들었다. 그럼에도 나는 회사를 다니면서 3개의 국가기술자격증(용접기능사, 자동차정비기능사, 자동차도장기능사)을 취득하는 데 성공했다. 그럴 수 있었던 배경에는 '일단 해보자'라는 마음가짐이 있었다.

자동차정비기능사를 따야겠다고 생각하고 무작정 관련 학원을 방문해 상담부터 받았다. 그날 바로 등록을 하고 다음 날부터 수업을 들었다. 평일에는 퇴근 후 수업을 듣고, 주말에도 학원에 나가 연습했다. 그리고 마침내 자격증을 손에 쥘 수 있었다. 당연히 쉬운 일은 아니었지만 어려운 일이라도 첫 번째 행동을 실천하고 나면 그다음은 점차 수월해진다. 나의 첫 행동은 학원 등록이었다. 용접기능사도, 자동차도장기능사도 같은 방법으로 취득했다. 어려운 과정이라도 가장 첫 번째 행동을 하고 나면 점점 수월해진다.

나 역시 여러 번 포기하고 싶었다. 회사, 가족 등등 핑계로 댈 것은 얼마든지 있었다. 하지만 정말 그만두게 된다면 그 진짜 이유는 딱 하나, 간절하지 않기 때문이다. 정말 간절히 원한다면 그 어떤 조건과 환경도 극복할 수 있다. 나는 이를 잘 알고 있었고, 스스로 얼마나 간절한지도 알고 있었기 때문에 다른 핑계로 포기할 수 없었다. 원하면 길이 보인다. 원하지 않기 때문에 보이지 않는 것이다. 부의 축적을 꿈꾼다면 열망과 열의를 가지고 일단 시작하자. 그렇게 한 걸음씩 나아가다 보면 내 앞에 놓인 길을 발견할 수 있을 것이다.

가치우선주의자가
되어보자

어떤 거래에서든 매수자는 자신이 내는 돈보다 더 큰 가치를 얻길 원한다. 같은 돈이면 더 많은 가치를 제공하는 매도자를 선택한다. 매수인의 선택을 받아 부를 쌓으려면 어떻게 해야 할까? 방법은 간단하다. 매수인의 기대보다 더 많은 가치를 제공하면 된다. 내가 쌓고자 하는 부의 크기만큼 가치를 제공하면 된다. 가치를 제공할 수 없음에도 부를 얻고 싶어 한다면 이는 지나친 욕심이다. 내가 제공하는 가치만큼 부를 쌓는다. 투자 역시 가치 제공 측면에서 생각해야 한다. 투자의 기본은 '저가매수 고가매도'다. 현재의 가격이 본질 가치보다 저평가되었다는 확신이 들면 매수한다. 얼마나 시간이 걸릴지는 미리 알 수 없지만 기다리면 원하는 적정 가격으로 오를 테니 수익이 남는다. 그런데 본질 가치보다 저평가되었다는 확신은 어떻게 얻을 수 있을까? 세상에 확실한 것은 없고, 투자자는 어느 정도의 위험을 감수할 수 있어야 한다. 자신의 판단과 반대로 시장이 흘러갈 확률까지 감안하여 그 상황을 견딜 가치가 있는지를 보고 결정한다. 본질 가치는 일시적인 가치 하락을 겪더라도 손상되지 않는다. 그 상황을 견디고 나면 투자는 결국 성공하게 된다. 어떤 투자를 하든 그것이 제공할 본질 가치를 기준으로 생각해보자.

주식 투자는 저가매수와 고가매도를 반복하며 수익을 내는 대표적인 방법이다. 특정 주식의 적정 가격이 얼마인지는 이를 보는 투자자마다 다르다. 내가 매도한 주식을 누군가가 사고, 또 누군가는 판다. 주식에는 그 회사의 가치가 함축되어 있다. 투자자들은 각자의 판단 아래 그 가치를 평가하고 매도할지 아니면 매수할지 결정한다. 가치 판단에 따라 투자의 방향이 달라지는 것이다.

부동산도 그 가치를 판단할 수 있다. 주택의 가치는 거주자에게 편안함과 안정감을 주는 것이고, 상가의 가치는 상업활동으로 돈을 버는 것이다. 부동산의 가치는 월세로 측정하는 것이 가장 합리적이다. 주택이나 상가를 임대했을 때 1년간 벌 수 있는 임대수익을 계산할 수 있다. 이 임대수익을 가지고 해당 부동산이 주는 가치에 합당한 적정 수익률이 얼마인지 산출한다. 1년간의 임대수익을 적정 수익률로 나누면 적정 매도 가격을 알 수 있다.

내가 임대사업을 하게 된 목적은 오로지 돈이었다. 비교적 안정된 직장을 다니고 있었지만, 언젠가는 떠나야 하기에 다른 경제석 기반을 마련하고 싶었다. 그렇게 무작정 임대사업에 뛰어들어 많은 어려움을 겪었고, 애초에 나의 마음가짐이 잘못되었음을 깨달았다. 임차인을 돈으로 보고, 어떻게 수익률을 높일지만 고민했던 것이다. 월세를 높이고 보증금을 낮춰 수익률을 높였고, 교체나 수리에 들어가는 비용을 아끼려 임차인과 언성을 높인 적도 있다. 이는 고스란히 손실로 돌아왔다.

임대사업을 시작하기 전, 나는 회사에서 제공하는 임차 숙소에 거주하고 있었다. 30평대의 신축 아파트라 좋은 조건이었지만, 주택을 보유하게 되면 반납해야 했다. 때문에 첫 다가구 주택을 매입하면서 숙소에서 나오게 되었다. 매입한 다가구 주택은 직장에서 멀리 떨어져 있었기 때문에 가까운 곳에 월셋집을 구했다. 대학 시절 이후 처음 월세로 살게 된 것이다. 그렇게 임대인인 동시에 임차인이 되었다. 임차인의 입장이 된 지 1년 만에 내 주택에 거주하는 임차인들을 다른 시선으로 바라보게 되었다. 그들은 나와 같은 사람이고, 수익 대상이 아닌 사업 파트너였다. 그때부터 임차인에게 합당한 가치를 제공하고 그만큼의 대가를 받는 것을 원칙으로 임대사업을 운영하기 시작했다. 그러자 신기하게도 손실이 줄고 수익률이 높아졌다.

투자 자산을 볼 때는 그 자산에 내재된 가치와 내가 제공할 가치를 고민해야 한다. 내재된 가치는 말 그대로 눈에 보이지 않는다. 수익률이라는 수치가 있지만 이는 1년이면 달라지는 것이므로 절대적인 기준이 될 수 없다. 수익률은 가치를 평가하는 수많은 수단 중

하나일 뿐이다. 항상 투자 대상의 가치들을 다방면으로 고려하여 판단해야 한다.

가치 중심으로 생각할 때 가장 위험한 태도는 자산을 구입한 후 언제 오를지 모른 채로 계속 기다리기만 하는 것이다. '언젠간 오르겠지' 하며 투자해서는 안 된다. 지난 거래 내역을 보며 '몇 년 뒤에는 오르겠군' 하고 짐작하는 것도 위험하다. 운이 좋으면 그 '언젠가'가 1~2년 뒤가 되겠지만 운이 나쁘면 5년, 10년이 지나도 기대한 수준에 오르지 못할 수도 있다. 시간은 굉장히 귀중한 자원이다. 이를 기다림으로 허비한다면 부의 축적은 그만큼 늦어진다.

돈을 번다는 것은 결국 가치를 제공하고 그에 상응하는 대가를 받는 것이다. 제공할 가치는 없으면서 대가만 바라는 것이 과연 합당할까? 그렇게 부를 쌓을 수 있을까? 헛된 욕심에 흔들리기보다 진짜 가치를 알아보는 눈을 가져야 한다. 저평가된 주식이나 부동산을 사서 비싸게 되파는 것도 그 안에 내재된 가치를 알아본 것에 대한 보상이다. 가치우선주의자가 되어보자. 내게 어떤 가치가 있는지 찾아보고, 없으면 만들어야 한다. 내가 가진 가치가 작다면 이를 키우면 된다.

돈을 번다는 것은 결국 가치를 제공하고

그에 상응하는 대가를 받는 것이다.

제공할 가치는 없으면서

대가만 바라는 것이 과연 합당할까?

그렇게 부를 쌓을 수 있을까?

성공을 뒷받침하는
경험의 힘

시장에 단기성 자금이 풍부하게 풀렸던 시기, 이 자금들이 부동산
과 주식, 코인으로 흘러들어갔다. 당시에는 뭐든 사기만 하면 오르
고 또 올랐다. 사람들은 내가 매입한 자산의 가격이 어디까지 올
라갈지 한껏 기대감에 부풀었다. 그 시류에 편승하지 못한 사람들
을 '벼락거지'라고 부르기까지 했다. 이때 부동산, 주식, 코인 시장
을 휩쓸었던 것은 20~30대 젊은 층이었다. 높은 신용등급에 저금리
를 누릴 수 있는 이들은 풍부한 자금력으로 공격적인 투자가 가능
했다. 그들을 바라보며 40~50대 중년 투자자들은 어떤 생각을 했을
까? 공격적인 투자가 휘몰아치는 시장을 보며 그 끝이 어떨지 두려
웠을 것이다. 이미 여러 번의 급등락을 겪어본 40~50대는 자산의
가격은 무한정 오르는 것이 아님을 잘 알고 있기 때문이다. 그리고
현재, 그들의 두려움은 현실이 되었다.

'영끌'해서 부동산을 구입한 20~30대들도 시간이 지나 중년이 되면 자신의 경험을 토대로 다음 세대에게 해줄 말이 생길 것이다. 선배들의 이야기에 귀 기울여야 하는 이유가 여기에 있다. 그들의 말을 무조건 받아들이라는 것이 아니다. 내가 겪어보지 못한 과거를 겪어본 사람의 이야기를 통해 간접 경험을 해보라는 것이다. 단순히 연장자를 공경하는 차원이 아니라, 겪지 않고서는 알 수 없는 지혜를 얻는 열린 자세가 필요하다.

자동차정비기능사 자격증을 취득한 이후 나는 해마다 10월이 되면 내 차와 아내의 차 엔진오일을 직접 교체하고 있다. 엔진오일 교체 자체가 그리 어려운 정비가 아니고, 3~4년쯤 매년 하다 보니 제법 익숙해졌다. 지난 2022년 10월에도 엔진오일을 갈기 위해 친한 형님이 운영하는 자동차 정비소를 찾았다. 아내의 차 작업은 오전에 마쳤고, 내 차를 끌고 오후에 다시 방문한 참이었다. 저녁에 일정이 있어서 마음이 급해 작업을 조금 서둘렀다. 원칙상으로는 엔진오일을 교체한 다음에 바로 보닛을 닫고 마무리하지 말고 시동을 걸어 엔진 속에 오일이 어느 정도 돌게 한 다음 오일 레벨을 확인해야 한다. 이를 '오일 레벨링'이라고 하는데, 그날은 너무 급한 나머지 이 작업을 생략하고 보닛을 닫았다. 그러자 그런 내 모습을 지켜본 형님이 뛰어왔다. 정비 경력이 30년도 넘는 그 형님은 아주 사소하고 기본적인 원칙도 반드시 지키는 원리원칙주의자다. 그러니 내가 레벨링을 건너뛰는 꼴을 넘어갈 수 없었던 것이다. 그 고집을 이길 수 없어 다시 보닛을 열고, 시동을 켰다. 그 순간, 엔진룸에서 오일이 분수처럼 치솟는 게 아닌가!

나는 바로 시동을 끄고 놀란 마음을 애써 진정시키며 엔진을 살폈다. 오일필터에 고무링이 제대로 끼워지지 않아 그 틈으로 오일이 샌 것이었다. 서두르느라 오일필터를 꼼꼼히 확인하지 않은 것이 화근이었다. 그대로 출발했다면 상당한 오일이 새어 차에 큰 무리가 간 다음에야 발견했을 것이다. 내가 '그냥 넘어가도 되겠지'라고 가볍게 여겼던 오일 레벨링 작업을 굳이 하는 데에는 그만한 이유가 있었다. 형님은 간혹 일어나는 사고인데 한 번 경험했으니 앞으로는 더 주의하게 될 것이라며, 더 큰 사고를 막은 셈이라고 당황한 나를 도와 상황을 수습해주었다. 이 사고로 나는 경험의 힘에 대해 다시 한번 실감할 수 있었다.

만약 내가 정비사이고 그 차가 고객의 차였다면 어땠을까? 그 고객이 바로 옆에 있는데 엔진오일이 치솟았다면? 여기까지 생각이 미치자 아찔해졌다. 카센터 문을 닫을 만한 일이다. 경험이 없으면 넘겨짚거나 방심하기 쉽다. 나는 자격증이라는 조건을 갖췄음에도 경험 부족으로 큰 곤란을 겪을 뻔했다. 발생한 문제를 잘 해결하는 것도 경험이 있어야 가능하다. 직접 겪어본 문제는 눈에 보이고, 그렇지 않은 것은 눈에 보이지 않는다. 눈에 보이지 않는 것은 숨겨진 위험이 되어 언젠가 나를 위기에 빠뜨리고 만다.

나이의 많고 적음을 떠나 내가 겪어본 적 없는 일을 경험한 사람을 귀하게 여기자. 들려오는 잔소리에 인상을 찌푸리기보다는 그 속에 담긴 경험의 지혜를 찾아보자. 한 마디 말에도 몇 년의 경험이 녹아 있다. 그 한 마디로 큰 사고를 막기도 하고, 시행착오를 줄이기도 하고, 좌절의 순간을 극복하기도 한다. 경험의 목소리를 잘 듣는 사람과 무시하는 사람, 둘 중 어느 쪽이 부의 축적에 더 유리할지는 자명하다. 혼자 생각만 하는 것과 현실로 겪어내는 것의 차이는 생각보다 크다. 경험해본 사람의 지혜를 얻는다면 이를 경험하는 데 걸리는 시간을 버는 것과 같다. 말하자면 시간을 초월하는 특혜를 얻는 셈이다.

돈을 부르는
몰입의 재미

나는 가끔 주변 사람들에게 요즘 몇 시간 동안 몰입하는 재미있는 일이 있는지 묻는다. 보통 유튜브를 본다는 답변이 돌아온다. 유튜브는 참 쉽고 편리하다. 정교하게 설계된 알고리즘 덕에 내 취향에 맞는 영상들을 검색 없이도 계속해서 즐길 수 있다. 그러다 보면 한 시간 정도는 순식간에 흐른다. 그런데 과연 정말 그 영상들이 재미있어서 유튜브에 몰입했던 것일까? 그렇지 않다. 단지 그 시간에 유튜브를 보는 것보다 재미있는 일이 없었을 뿐이다. 그렇게 생각하니 궁금해진다. 내가 진정으로 몰입할 수 있는 일은 무엇일까? 유튜브의 자극에 나를 맡기지 않아도 될 만큼 매력적인 재미는 무엇일까? 내게 그런 게 있기는 할까? 나이가 들수록 재미있는 일은 줄어들고 세상사에 감흥이 없어진다. 해보지 않은 일에 대한 설렘보다 한 번쯤 겪어본 일의 익숙함이 더 편하다.

무엇이든 꾸준히 하려면 동기가 부여되어야 한다. 다양한 동기들이 있겠지만, 나는 그중 가장 강력한 것이 재미라고 생각한다. 부의 축적에도 재미가 필요하다. 아무리 많은 보상이 보장되어도 두렵고 위험한 일은 할 수 없다. 한 번쯤은 해볼 수 있어도 지속하긴 힘들다. 재미는 지속성을 가져온다. 질리지 않고 오래도록 재미있게 실천할 수 있는 일을 찾았다면 부를 축적할 준비를 반쯤 마친 것이나 다름없다. 나머지 반은 그 일로 돈을 벌 수 있는 방법을 찾는 것이다. 재미를 느낄 수만 있다면 초기 수익이 적어도 괜찮다. 꾸준히 지속하다 보면 수익이 늘어날 계기는 분명 찾아오기 때문이다. 또한 내게 재미있는 일에는 다른 사람도 흥미를 가질 가능성이 높다. 이 자체로 가치가 된다. 내가 '재미'라는 가치를 제공한다면 사람들은 기꺼이 내게 지갑을 열 것이다.

나의 경우, 보유한 부동산이 늘어나는 과정이 재미있다. 재미있는 일을 할 때는 힘든 것도 잊는다. 나는 급여소득의 일부와 월세수익을 꾸준히 모아서 소형 아파트 한 채를 새로 매입하는 방식으로 임대사업의 규모를 키워나가고 있다. 새로 매입한 아파트는 여기저기 손볼 곳이 많다. 대부분은 내가 직접 수리하려고 하는 편인데, 평일에는 출근해야 하니 주말을 활용한다. 벽지와 장판을 교체하고, 각종 수리를 하다 보면 아침 일찍 시작해도 새벽 1시를 훌쩍 넘기게 된다. 그런데 신기하게도 그다지 피곤하지가 않다. 오히려 주중에 받았던 스트레스들이 풀린다. 내 손을 거쳐 점차 깔끔해지는 집을 보면 저절로 힘이 난다. 그러니 집을 수리하는 동안에는 유튜브가 필요 없다. 재미의 절정은 모든 수리를 마치고 블로그에 올릴 임대 광고용 사진을 찍을 때다. 가끔은 이 사진을 찍으려고 집을 사서 수리하는 건가 싶을 정도다. 어떤 집을 구입하기로 마음먹는 순간부터 이어지는 과정 하나하나가 나에게는 재미다. 이 집을 싸게 사는 방법을 궁리하는 일도, 이전 집주인과 협상하는 일도, 원하는 가격에 구입하는 일도 전부 즐겁다.

오직 수익만을 좇았다면 지금만큼 몰입하지 못했을 것이다. 돈만 바라보며 매일같이 수익률과 손실률을 계산하고 일희일비하는 것이 과연 즐거울까? 나보다 더 가진 사람을 부러워하며 경쟁하듯 규모를 늘려가는 일을 정말 오래 지속할 수 있을까? 숫자 하나에도 스트레스 받으며 괴로워하고, 때로는 귀찮기도 했을 것이다. 나는 무조건 자산을 늘리기보다 그 과정을 재미있게 즐기는 쪽을 택했다. 흥미롭게도, 재미를 추구했더니 자연스레 자산이 뒤따라왔다.

꾸준함을 위해서는 작은 재미라도 얻을 수 있어야 한다. 재미가 없으면 곧 지치고, 끝내는 아무것도 하고 싶지 않은 무기력함에 빠진다. 간단히 용돈을 벌 요량으로 소형 아파트를 구입했다가 생각보다 수익이 적고 손이 많이 간다는 이유로 금세 처분해버리는 사람들이 더러 있는데, 빨리 팔고 싶은 마음이 크기 때문에 시세보다 저렴하게 급매로 내놓는 경우가 많다. 이런 집들을 사면 당연히 더 많은 이익이 남는다. 나 역시 이런 부동산을 몇 번 구입한 적이 있다. 그때마다 매도자들은 자신은 한 채도 관리하기 힘들어 팔려고 하는데 나는 어떻게 여러 채의 아파트를 관리하는지 궁금해했다. 그들과 나의 차이는 단순하다. 나는 내가 무엇을 재미있어 하는지 알고 있고, 이를 위해 임대사업을 한다는 것이다.

돈만 생각하며 부를 축적하려 하면 마음이 버겁다. 그럴 때는 내가 부를 쌓으려는 최종 목적이 무엇인지 다시 생각해보자. 궁극적으로는 나의 행복, 내 가족의 행복을 위해서일 것이다. 원하는 삶을 누리는 자유일 것이다. 재미없는 일을 하면서 자유를 추구한다는 건 모순적이다. 돈을 모으려면 재미있어야 한다. 나에게도 남에게도 재미있는 일로 부를 쌓아나가야 한다.

재미는 지속성을 가져온다.

··

질리지 않고 오래도록

··

재미있게 실천할 수 있는 일을 찾았다면

··

부를 축적할 준비를 반쯤 마친 것이나 다름없다.

··

STEP 4

실천

부를 축적하는
단단한 자산 전략

네 번째 장에서는 부를 축적하기 위해 실천해야 할 행동들로 무엇이 있는지 다룹니다. 흔히 돈을 많이 벌기만 하면 저절로 부가 쌓인다고 여기는데요, 이는 잘못된 생각입니다. 위로만 높이 쌓아 올리다간 약한 바람에도 무너지기 쉽습니다. 중요한 것은 기반입니다.

높이 쌓으려면 그 높이와 하중을 견딜 만큼 기반이 탄탄해야 합니다. 그래야 마침내 단단한 부의 탑이 완성되는 것이지요. 그렇게 단단한 자산을 만들기 위한 행동 전략들이 있답니다. 재무 상태를 제대로 파악하고, 면밀히 분석해야 합니다. 그 위에 체계적으로 부를 쌓아나가야 합니다. 지금부터 우리에게 필요한 자산 전략을 함께 살펴봅시다.

100억 자산가에게
숨겨진 진실

부의 축적을 위해 무엇부터 해야 할까? 돈을 많이 버는 방법을 배우면 바로 부가 쌓일 것 같지만, 그렇지 않다. 돈을 많이 버는 법, 저평가된 자산을 남들보다 빨리 알아보는 법 같은 것보다 우선해야 하는 일이 있다. 나의 재무 상황을 정확하게 파악하고 이해하는 것이다. 재무 상태를 파악하지 못한 채 얻은 수익은 모래 위의 성과 같다. 시간이 흐르면 무너져버린다.

수익률을 높이는 법을 익히기 전에 재무 상태를 파악하는 법부터 배워야 한다. 이는 곧 부를 축적하고, 관리하며, 지키기 위한 능력이기 때문이다. 주식이든 부동산이든 투자 시장은 언제든 급변할 수 있다. 그에 맞춰 투자 전략에도 변화를 줘야 하는데, 나의 재무 상태를 객관적으로 파악해두지 않으면 석설한 전략을 구사히지 못하고 자충수를 둘 수 있다. 나의 자산은 어떤 점에서 강점이 있고,

어느 부분에 위험 요소가 있는지 제대로 알고 있어야 한다. 투자뿐 아니라 돈을 관리하는 데 있어서도 재무 파악이 필수다. 수익이 아무리 많이 들어와도 관리하지 않으면 모이지 않는다. 단순한 목돈 마련은 시간과 노력이 있으면 누구나 가능하지만 부의 축적은 다르다. 목돈을 종잣돈 삼아 수익을 지속적으로 창출해내는 과정이기 때문에 수익과 지출, 부채와 자산을 정확히 이해하고 관리하지 않으면 한계에 부딪히게 된다.

사람들은 부동산 갭 투자나 주식 공매도와 같이 소액으로 거액을 만들 수 있다는 무리한 투자 방식에 쉽게 솔깃해지고는 한다. 저축만으로는 도저히 불가능할 것 같은 큰 자산을 적은 자본금으로 만들 수 있다니 그럴 만도 하다. 특히 갭 투자는 흔하게 시도하는 방법이라 위험하다는 생각이 잘 들지 않는다. 갭 투자로는 매매가가 1억 원, 전세가가 9,500만 원인 아파트를 500만 원에 살 수 있다. 이를 거듭하면 500만 원의 종잣돈으로 1억짜리 아파트 10채를 보유할 수도 있다. 더 공격적으로 신용대출을 받아 5억 원의 종잣돈을 마련하면 어떨까? 시간만 충분하다면 1억짜리 아파트 100채를 보유하는 것도 가능하다. 1억짜리 아파트 100채가 있으니 100억 자산가에 올랐다고 여길지도 모른다. 그런데, 정말 그럴까?

여기 가상의 인물 P가 있다(실제로 이런 방식의 투자를 하는 사람들이 많아 가상의 인물을 설정하는 방식을 택했다). P는 갭 투자로 단기간에 100억의 자산을 가지게 되었다. 500만 원으로 1억 원짜리 아파트

1채를 사고, 이를 거듭해 100채를 보유하게 된 것이다. 주변의 평범한 사람들은 적은 자본으로 짧은 시간에 큰 자산가가 된 P를 호기심 가득한 눈빛으로 바라본다. '소액', '단기간', '100억 자산가' 등의 수식어들에 시선을 빼앗겨 그 이면에 숨겨진 위험은 잘 보이지 않는다(혹은 보고 싶어 하지 않는다). 사람들에게 중요한 것은 P처럼 빠르게 부자가 되는 것이다. 그렇다면 P의 타이틀을 살짝 바꿔보자. '1,900%', '깡통전세', '신용불량'. 이 단어들이 주는 인상은 어떤가? 앞의 세 가지와는 정반대다. 놀랍게도 앞의 세 가지 수식어와 뒤의 세 가지 수식어 모두 P를 설명하는 말들이다. 이 중 1,900%는 P의 엄청난 부채 비율이다.

자, P의 갭 투자를 재무적 관점에서 분석해보자. 기본 공식은 '자본 + 부채 = 자산'이다. 매매가가 1억 원인 아파트 1채가 있다. 전세가는 9,000~9,500만 원 정도 된다. 매매가 대비 전세 비율이 90% 이상으로, 자기자본금이 많지 않아도 가능한 갭 투자의 대상으로 적절하다. 500만 원의 자본을 들여 9,500만 원의 전세를 낀 채 1억 원짜리 아파트를 매입한다. 이를 재무적으로 분석하면 전체 자산 1억 원 중 자기자본은 5%이고, 타인자본(부채, 전세 보증금)이 95%다. 이것은 레버리지leverage(차입자본 투자)를 이용한 갭 투자의 전형적인 양상이다. 전세금은 타인자본이기 때문에 부채나 마찬가지다. 따라서 P의 재무 상태를 요약하면, 1억 원 중 9,500만 원은 부채이고 진짜 자신의 자산은 500만 원밖에 없다.

이를 다시 부채 비율로 계산해보자. 부채 비율을 계산해내는 공식은 다음과 같다.

$$부채\ 비율 = (부채 \div 자기자본) \times 100$$

이 공식으로 계산하면 P의 부채 비율이 1,900%임을 알 수 있다. 일반적인 기업에서 적정 부채 비율을 약 200%로 잡는 것을 고려하면 이는 어마어마한 수치다. 기업으로 치면 파산 직전인 셈이다. 심지어 갭 투자로 늘린 자산에서는 현금 흐름이 발생하지 않는다. 현금이 들어오지는 않으면서 보유 비용은 계속 들어간다. 이미 죽었지만 죽지 않은 좀비 상태라고 볼 수 있다.

이처럼 재무 상태를 이해하면 무리한 갭 투자가 얼마나 위험하고 수익성 없는 방식인지 수치로 확인할 수 있다. 부채 비율이 1,900%인 100억대 자산가를 보고 부를 축적했다고 말할 수 있을까? 실제로 이런 전형적인 레버리지 방식의 갭 투자자들의 신용평가를 실시하면 1년 이내에 파산할 확률이 확실시되는 '부적격' 등급을 받게 된다.

부채로 만든 자산도 자산이 맞긴 하다. 하지만 이를 꾸준한 현금흐름을 창출해서 다음 투자의 기반이 되는 핵심 자산이라고 볼 수 있을까? 레버리지를 최대한 활용해 자산의 크기만 키우는 투자에 무슨 의미가 있겠는가. 단지 적은 돈으로 빨리 100억 자산가의 수식어를 가지고 싶다는 마음으로 이런 위험한 투자를 한다면 훗날 엄청난 고통을 견뎌야 할 것이다. 게다가 이 고통은 나 혼자만의 문제가 아니다. 내 부동산에 입주한 임차인들까지 피해를 입는다. 실체 없는 부자의 타이틀이 뭐라고 나뿐만 아니라 선량한 타인들에게까지 피해를 주는가?

갭 투자를 예로 들어 설명하긴 했지만, 갭 투자가 무조건 나쁘다는 이야기는 아니다. 나의 자산 상태를 명확히 파악한 상태에서의 갭 투자는 그렇지 않은 경우와 전혀 다르다. 부채 비율을 비롯한 재무 상황을 객관적으로 분석할 수 있다면 무리한 투자나 차입을 주의하고 내실을 다질 수 있다.

이처럼 수치로 재무 상황을 표현하면 보다 객관적으로 바라볼 수 있다. 다른 방법으로는 재무상태표를 작성하는 것도 좋다(재무상태표를 작성하는 법은 뒤에서 자세히 다룰 예정이다). 누군가의 경험담을 맹신하며 따라 하는 대신 직접 수치와 표를 만들어 판단하는 것을 습관화하자.

수익률을 높이는 법을 익히기 전에

재무 상태를 파악하는 법부터 배워야 한다.

이는 곧 부를 축적하고, 관리하며,

지키기 위한 능력이기 때문이다.

보통 경영자의
자산 방어 전략

이번에는 검사용 장비 제조 회사를 운영하는 C의 이야기를 해보자
(C 역시 가상의 인물이다). C의 회사는 새로운 수주가 들어오면 회사의
자금으로 장비를 80% 수준까지 제작한 뒤 수주한 업체에 납품 심
사를 받는다. 일정 점수 이상을 받아 심사에 통과하면 장비를 100%
완성해서 최종 납품하는 구조다. 상당한 자기자본을 들여 장비를
제작하기 때문에 구입 업체의 자금 사정이 좋지 않거나 대금 지급
일정이 미뤄져 제때 돈을 받지 못하면 심각한 문제가 발생한다. 따
라서 수주를 받을 때는 구입 업체의 자금력 파악이 필수다. 새로 거
래하게 된 업체가 불량한 곳인지 판단하지 못한 채 계약을 맺었다
간 큰 피해를 볼 수 있다.

어느 날, 신규 거래처인 E 업체가 C에게 납품 계약을 제안했다. C
는 계약 전 E 업체의 재무 상태를 확보하여 자금 구조를 파악한다.

신용정보회사에 매월 일정한 수수료를 내면 웬만한 기업들의 재무 데이터를 합법적으로 확인할 수 있다. C가 받아본 E 업체의 재무상태표에는 특이점이 없었다. 매출은 다소 감소하는 추세지만 당기순이익은 늘어나고 있었고, 최근에 영업손실이나 적자를 발생시킨 이력도 없었다. 하지만 C에게 필요한 정보는 E 업체의 향후 매출이 얼마나 늘어날 것인지가 아니다. 현재 E 업체가 시설 투자를 할 수 있을 만큼 재정이 탄탄한지, 향후 거래 대금을 정상적으로 받을 수 있을지가 중요하다. 매출이 상승세이고 수익률이 좋은 회사도 시설투자를 무리하게 진행하는 중에는 대금 결제가 늦어지기 쉽다. 이러한 문제를 피하려면 C는 E 업체의 재무상태표에서 무엇을 확인해야 할까?

정석대로 작성된 재무상태표는 수십 가지의 항목들로 이뤄져 있다. 그중 몇 가지만 보고도 대략적인 파악이 가능하다. C의 경우 '비유동 자산', '비유동 부채', '자기자본'을 확인하면 된다. 이 세 항목들의 개별 수치만으로는 의미가 없지만 이를 가지고 '비유동 장기적합률'을 계산해낼 수 있기 때문이다. 비유동 장기적합률은 다음과 같이 산출한다.

비유동 장기적합률 = {비유동 자산 ÷ (비유동 부채 + 자기자본)} × 100

비유동 장기적합률은 주로 시설 투자의 적합성을 따질 때 보는 수치다. 시설 투자 비용은 단기간에 상환 압박을 받게 되는 단기 자금이 아닌 오랜 기간 사용할 수 있는 장기 자금으로 조달하는 것이 바람직하다. 비유동 장기적합률이 100% 정도면 안정적이라고 본다. 장기 부채와 자기자본으로 장기 자금을 조달했다는 뜻이기 때문이다.

C가 E 업체의 비유동 장기적합률을 계산해보니 이미 500%를 넘긴 상태였다. 장기 부채와 자기자본의 비중이 적은 것이다. 장기 부채의 비중이 낮으면 그만큼 단기 부채의 비중이 높다는 뜻이므로 근시일 내에 상환 요구를 받게 될 가능성이 높다. 그런 가운데 자기자본마저 적다면 이를 제때 갚지 못해 지속적인 압박이 이어진다. 당장 갚아야 할 부채가 있으니 거래처에 대금 결제를 원활히 하기 어렵다. 비유동 장기적합률이 높다고 회사가 망하지는 않지만 거래처로서 적절하지 않다.

E 업체의 재무 상태를 확인할 수 있는 또 다른 방법으로 비용지출 내역이 있다. 비용지출 내역은 손익계산서를 보면 자세히 알 수 있는데, 손익계산서 역시 신용정보회사를 통해 합법적으로 볼 수 있는 자료다. 제조 회사인 E 업체의 비용지출을 보니 대부분이 외주가공비다. 매출액은 분명 제조 매출로 분류되었는데 회사가 자산으로 보유한 공장은 없다. 사무실에 전화기와 컴퓨터 몇 대만 둔 채 주문과 영업만 하고, 제조는 외주업체에 맡기고 있는 것으로 의심된다. 이런 E 업체를 건실한 제조업체라고 볼 수 있을까? 회사가 소유

하고 운영하는 생산 공장은 없지만 외주 업체를 통해 자사의 제품을 생산하고 판매하니 매출액 기준으로는 제조업체가 맞다. 하지만 직접 공장을 운영하는 제조업체와 비교하면 안정성과 지속성 면에서 매우 불안하다. 나아가 기간을 기준으로 E 업체의 자산을 분류하니 단기 자산(1년 이내)이 장기 자산(1년 초과)보다 훨씬 많다. 총자산이 20억 원이 넘는데 실제 자산은 임차 사무실의 보증금 5,000만 원이 전부다. 나머지는 매출 채권, 받을 어음 등이다. 안정성과 지속성이 보장되지 않는 업체와 거래하는 것에는 큰 리스크가 따른다.

기업은 지속 가능한 이윤 추구를 통해 생존한다. 아무리 매출과 수익이 뛰어나도 이를 유지할 수 없다면 그 기업은 청산 절차를 밟게 된다. 수익이 좀 적어도 오래 버티는 기업이 치열한 경쟁 끝에 살아남는 것이다. 따라서 경영자는 기업의 영속성 측면에서도 자산 방어 전략에 심혈을 기울일 필요가 있다. 경제 상황이 불확실할수록 경영자의 자산 방어 전략은 필수적이다.

보통 주식 투자자의
자산 방어 전략

주식 투자를 하면서 투자할 기업의 재무 상태를 세밀하게 살펴보는 사람이 얼마나 될까? 기관 투자자나 전문 투자자가 아닌 경우에는 그리 많지 않을 것이다. 매출액과 당기순이익 정도만 참고하는 수준이 대부분이다. 기업의 재무 상태와 주식 수익률에 얼마나 영향을 주는지 명확히 보여주는 데이터는 없지만, 재무 상태를 고려하지 않고 투자를 한다면 손실의 가능성이 높아진다는 것에는 의심할 여지가 없다.

기업의 재무 상태를 확인하지 않고 주식을 사는 것은 집을 구입하면서 그 내부를 보지 않는 것이나 마찬가지다. 투자자에게 기업의 재무 상태는 수익률을 예측하거나 수익을 보장받기 위한 수단이 아니다. 기업의 가치를 분석하고, 위험을 피하며, 건전한 기업을 발굴하는 도구다.

상장 법인에게 있어 가장 두려운 상황은 관리종목으로 지정되거나 상장이 폐지되는 것이다. 이를 알고 기업의 재무 상태를 분석한다면 향후 재무 계획까지 예측 가능하다. 예측은 과거의 자료를 바탕으로 해야 확률을 높일 수 있다. 예를 들어, 코스닥 상장 업체의 관리종목 지정 요건으로 자기자본의 50% 이상(10억 원 이상)의 법인세비용 차감전 계속사업손실이 최근 3년간 2회 이상인 경우가 있다. 따라서 한 번이라도 법인세비용 차감전 계속사업손실이 자기자본의 절반 이상으로 발생한 업체는 손실에 더욱 예민해진다. 사업손실은 갑자기 발생할 수도 있지만, 재무 상태를 꾸준히 관찰하다 보면 대략적인 매출 추이가 보인다. 그러므로 관리종목으로 지정되기 전에 내가 보유한 해당 기업의 주식을 처분하는 등의 전략을 세워 투자에 반영하면 어느 날 주가가 폭락하여 큰 손해를 보는 불상사는 방지할 수 있다.

주식 투자자의 수익률은 적시성 있는 최신 자료가 좌우한다. 남들보다 단 몇 분 빨리 획득한 정보로 수익을 얻거나 위험을 피할 수 있다. 그런 점에서 재무 상태는 주식 투자자에게 불필요하다고 여길 수도 있다. 재무 상태란 과거의 자료이기 때문이다. 이미 반영된 수익과 지출을 정리한 데이터이므로 실시간으로 변동하는 주가를 예측하는 용도로는 알맞지 않다. 하지만 예측이 아닌 위험 감지의 수단으로서는 어떨까? 반드시 남보다 빨라야만 투자의 수익이 보장되는 것은 아니다. 다른 사람은 보지 못한 리스크를 잘 피한다면 소중한 자산을 지킬 수 있는 동시에 다음 기회를 기다릴 시간을 벌게 된다. 아무리 좋은 투자 정보를 얻어도 당장 투자할 자산이 없다면 의미가 없다.

기업은 황금알을 낳는 거위와 같다. 다만 황금알을 낳는 거위는 황금을 먹지 않지만, 기업은 황금(돈)을 먹고 황금알을 낳는다는 점이 다르다. 우화에서는 더 많은 황금을 얻으려 거위의 배를 가르는 바람에 거위가 죽어버리고 더 이상 황금을 얻을 수 없게 된다. 하지만 기업은 그 뱃속을 철저히 확인해야 한다. 어떻게 황금을 먹고 소화시켜서 다시 황금을 낳는지 알아야만 그 기업에 계속 먹이(황금)를 줄지 말지 결정할 수 있기 때문이다. 황금을 먹고 황금알을 낳는 과정이 탄탄해야 기업이 지속될 수 있다. 그렇지 않으면 투자자는 그 기업에 더 이상 투자하지 않을 것이고, 그런 투자자가 많아지면 기업은 자금을 조달할 수 없게 되어 파산하고 만다. 재무 상태를 파악할 줄 알면 불량한 기업을 걸러낼 수 있다.

재무상태표는 다양한 수치들로 이뤄져 있는데, 이를 근거로 여러 재무 비율을 산출한다. 재무 비율을 보면 기업의 재무 구조가 안정적인지, 향후 수익을 낼 확률이 높은지 예측하여 투자에 활용한다. 그렇지만 비율은 어디까지나 참고 자료일 뿐, 맹신해서는 안 된다. 재무 상태는 과거의 데이터를 기반으로 한다는 한계를 인지하고 있어야 함정에 빠지지 않을 수 있다.

금융권에서는 기업의 실제 가치를 평가하고 수익 창출 능력을 분석하는 데 EBITDA Earnings Before Interest, Taxes, Depreciation and Amortization (이자, 법인세, 감가상각비)라는 지표를 활용한다. EBITDA는 법인세 차 감전 수익과 이자 비용, 그리고 실제 현금 비용이 아닌 감가상각비를 더해 산출한다. 이를 통해 기업이 실제로 보유한 현금 자산의 양을 파악하고, 그것으로 이자를 지불할 능력이 있는지 확인할 수 있다. 그런데 이 지표에는 숨은 함정이 있다. 재무 상태에서 매출을 산출할 때 실제 현금이 발생하지 않았어도 매출로 인정하는, 이른바 '발생주의 매출'의 특징이 있기 때문이다.

예를 들어 다음 달에 10억 원을 받기로 약속하고 제품을 납품했다면, 아직 현금이 입금되지 않았음에도 매출로 기록하는 것이다. 단, 현금 매출이 아닌 '매출 채권'이라는 항목으로 분류한다. 채권은 지금 당장은 아니지만 미래의 특정 시점에 일정 금액을 주고받기로 약속한 것을 말한다. 하지만 그 시점에 이르러 대금이 지급되기 전까지는 그저 업체 간 약속에 불과하다. 그럼에도 재무상태표상에서는 매출로 인정되는 것이다.

이런 특징이 있기 때문에 현금을 전혀 받지 못했어도 재무 상태만 보면 수익이 좋은 것으로 분석될 수 있다. 그러나 수익 지표가 아무리 좋아도 현금이 없으므로 지불해야 할 비용들을 제때 처리하지 못한다. 내년에 들어올 1억 원보다 당장의 1,000만 원이 절실해지는 상황이 되는 것이다. EBITDA 수치가 좋으면 이자를 내고도 돈이 많이 남는 것이 이론상 맞다. 그런데도 부도가 난다. 이익이 발생했음에도 파산하는 '흑자도산'이다. 신선하지 않은 재료로 음식을 만들면 겉보기에는 괜찮을지 몰라도 맛은 보장할 수 없다. 기업도 이와 같다. 현명한 주식 투자자라면 내가 투자하고 있는, 혹은 투자할 기업의 재무 상태를 이루는 요소들을 살펴보며 변질된 것이 없는지 판단하는 습관을 가져야 한다.

투자자에게 기업의 재무 상태는

수익률을 예측하거나

수익을 보장받기 위한 수단이 아니다.

기업의 가치를 분석하고, 위험을 피하며,

건전한 기업을 발굴하는 도구다.

보통 직장인의
자산 방어 전략

경영자나 투자자가 재무 상태를 파악할 줄 알아야 하는 것은 쉽게
이해가 된다. 그런데 평범한 직장인도 그래야 할까? 물론이다. 우선
자신이 근무하는 회사의 재무 상태를 봤을 때 매출 실적이 나아지
고 있다면 연말 상여금을 기대할 수 있다. 반대로 재무 구조가 부실
하고 악화되고 있다면 빠르게 퇴사와 이직 준비에 나서야 한다. 현
재 구직 중인 사람에게는 더더욱 쓸모가 많다. 지원할 회사의 매출
이나 총자산과 같은 단순한 수치만 볼 것이 아니라 그것들을 빼고
나누는 과정에서 발생하는 새로운 정보들을 눈여겨봐야 한다. 성장
성이 높고 안정적인 곳을 찾아낼 수 있을 것이다. 재무 상태를 제대
로 분석하고 활용하려면 앞서 언급했던 비유동 장기적합률을 비롯
한 많은 지표들을 이해하고 적용할 줄 알아야 한다. 개별 수치만으
로는 큰 의미가 없다.

회사의 재무 상태를 살펴보다 보면 그 회사의 퇴직연금이 어떤 방식으로 적립되는지도 알 수 있다. 퇴직연금 제도는 크게 확정기여형DC과 확정급여형DB가 있는데, 둘 중 어느 것이 더 좋고 나쁨은 없다. 다만 회사의 재정이 안 좋아졌을 때 퇴직연금 제도의 유형에 따라 대처 방식이 다르기 때문에 미리 알아두는 것이 좋다.

확정기여형은 각 근로자들에게 별도의 퇴직연금 계좌를 개설해주고 월급처럼 매월 일정한 액수의 퇴직금을 적립하는 방식이다. 근로자가 퇴사할 때 그 계좌를 해지하면 퇴직금 정산이 종료된다. 회사가 아닌 근로자 명의의 계좌이기 때문에 근로자가 원한다면 퇴직연금 운용상품을 자유롭게 바꿀 수 있다. 정기예금으로 운용되던 것을 펀드 등 공격적인 투자 상품으로 변경할 수 있는 것이다. 다만, 이 경우 손실이 발생한다면 그 책임을 근로자가 감당해야 한다.

이와 달리 확정급여형은 근로자에게 개별 퇴직연금 계좌를 제공하지 않는다. 대신 가입자 명부로 근로자를 관리한다. 명부에 등재된 근로자는 퇴직 시 명부상의 금액을 나눠 받게 된다. 근로자 10명을 고용 중인 기업이 확정급여형으로 퇴직금 10억 원을 적립해두었다고 가정해보자. 각자 받을 퇴직금이 1억 원이라면, 100% 적립되어 있는 셈이다. 이때 근로자 1명이 퇴사하면서 1억 원의 퇴직금 전액을 지급받았다. 이제 남은 9억 원을 9명이 나눠 갖게 되었다. 그런데 새롭게 3명의 직원이 입사했다. 전체 근로자가 12명이 되었는데 적립금은 9억 원이므로 회사는 추가로 퇴직금을 더 적립해야 한다. 그런데 회사의 자금 사정이 좋지 않으면 바로 추가 적립을 할 수 없다. 그렇다면 어떤 일이 벌어질까? 하루라도 먼저 퇴사하는 근로자가 나중에 퇴사하는 사람보다 수월하게 퇴직금을 가져가게 된다. 퇴사자가 많아질수록 적립금이 줄어드니 회사가 더 적립하지 않는이상 시간이 갈수록 온전한 퇴직금을 받기 어려워진다. 가라앉는 배에서 누가 먼저 뛰어내려 구명보트에 오를지 눈치게임을 벌이는 꼴이다. 퇴사 시 회사의 적립금이 모자라 미지급된 퇴직금은 회사가 별도로 부담하면 되지만, 자금 사정이 나쁘면 이 역시 바로 지급하지 못할 가능성이 높다. 그렇게 미납 퇴직금의 규모가 계속 커지면 아예 퇴직금을 보장받지 못하는 상황이 될 수도 있다.

앞서 예로 들었던 E 업체를 다시 떠올려보자. E 업체처럼 비유동장기적합률이 500%를 넘어선 상황에서 추가로 자금을 차입해 시설투자 계획을 세우고 있는 기업의 직원이라면 어떻게 해야 할까? 회사가 무리하게 시설 투자에 나섰으니 운영 자금이 부족해져 몇 개월이면 단기성 위기를 겪게 될 것이 분명하다. 당장 표면에 드러나지 않았어도 시간이 흐르면 여기저기서 문제가 터질 것이다. 이때 회사의 재무 상태를 스스로 분석할 수 있다면 위기를 미리 알아채고 남들보다 빨리 대처 방안을 마련할 수 있다. 이처럼 자본주의 사회를 살아가는 우리에게 기업의 재무 상태를 읽어내는 능력은 인생의 결정적 순간에 큰 힘이 되어준다.

부를 축적하는
자산 방어 시스템의 5단계

앞서 소개한 경영자, 투자자, 직장인의 자산 방어 전략은 이번에 다룰 '자산 방어 시스템'에 기초한 것이다. 총 5단계로 이뤄진 자산 방어 시스템은 튼튼한 부를 축적하기 위한 기본 실행 전략이라 할 수 있다. 이 시스템에 숙달된다면 경영자든 투자자든 직장인이든 잠재 위험을 파악하고 본질적인 수익을 극대화하는 능력을 갖추게 될 것이다. 그럼, 1단계부터 차근차근 알아가보자.

1단계: 재무 상태 파악하기

① 수익 구조는 기본 중의 기본

자산 방어 시스템을 구축하기 위한 첫 단계는 나의 수익 구조를 파악하는 것이다. 산출할 기간을 먼저 설정하고, 그 기간 동안 벌어들

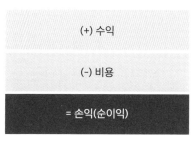

(+) 수익

(-) 비용

= 손익(순이익)

수익산출표

인 수익과 지출한 비용을 정리한다. 예를 들어 해마다 1월 1일부터 12월 31일까지의 수익과 비용을 계산해보면 나의 수익 구조가 매년 어떤 양상을 보이는지 비교와 분석이 가능하다. 자산과 부채는 시간이 흐름에 따라 누적해서 나타내지만 수익은 그렇지 않다. 딱 정해진 기간 내의 성과를 본다. 수익(매출)에서 비용을 차감하여 최종적인 순이익을 계산한다. 구조는 단순하지만 그렇기 때문에 나의 수익을 더욱 명료하게 알 수 있다. 이때 수익은 가장 많은 시간을 들이는 본업 수익을 기본으로 한다. 다음 예를 함께 살펴보자.

Q의 본업은 식당 운영이다. 동시에 틈틈이 주식 투자도 하고 있다. 시황이 좋고 투자 수완도 좋아 가끔은 식당 매출보다 주식 투자 수익이 더 클 때도 있다. 이때 주식 투자 수익은 '본업 외 수익'이다. 하나의 계좌만 사용하는 Q의 잔고는 매달 늘어난다. 그런데 잔고가 늘어난 것이 본업 수익 덕분인지 본업 외 수익 덕분인지 구분이 되지 않는다. 이렇게 수익 구조가 파악되지 않으면 전반적인 재

무 상태 역시 분명히 알 수 없다. 만약 주식 시황이 좋아 본업 외 수익이 많이 들어오고는 있지만, 투자에 열중하느라 식당 운영을 소홀히 하는 바람에 본업 수익이 줄어들고 있는 중이라면 이는 생각보다 심각하다. 본업 외 수익은 부수적인 것이기 때문에 있으면 좋고, 없어도 괜찮다. 하지만 본업 수익은 다르다. 생계와 투자를 위한 삶의 필수 요소다. 본업 수익을 늘리지 못하더라도 하락하지는 않도록 잘 관리해야 한다. 본업 외 수익을 더 키울 방법을 고민하는 것은 그다음의 일이다.

만약 본업 외 수익이 지속적으로 발생하는 상황이라면 어떻게 해야 할까? 이 부수입에도 비용이 발생할 것이므로 본업 수익과 같은 방식으로 구조를 파악해두어야 한다. 다음과 같이 말이다.

부업 손익(부업 순이익) = 본업 외 수익 - 본업 외 비용

본업 손익과 부업 손익을 합산한 것이 최종 순이익이다. 주매출액은 당연히 본업으로 창출한 수익이다. 이렇게 본업과 부업의 수익을 나눠서 계산하는 습관을 들이면 수익 구조를 한층 명확히 파악할 수 있다. 구분해서 살펴보니 본업 외 수익이 너무 적다면 이를 매년 비교해보며 조금씩 늘려나가려는 마음이 생긴다. 그런 식으로 데이터가 어느 정도 쌓이면 어떻게 본업을 뛰어넘는 부업 수익을 얻을지 전략을 세울 수 있게 된다. 머릿속에만 있는 개념으로는 변화를 가져올 수 없다. 숫자로 표현해 눈으로 확인해야 마음이 움직이고 비로소 몸으로 행동하게 된다. 단, 매출액의 함정에 빠지지 않도록 주의해야 한다. 매출액의 함정이란 현금이 입금되지 않은 상황에서 이를 매출로 인식하는, 말하자면 '위장 매출'이다. 이를 수익으로 인정할 수 없는 것이다. 언젠가는 받을 돈이므로 이미 받은 것으로 간주하고 수익으로 표시할 수는 있다. 하지만 돈이 지급되었는지, 지급되지 않았다면 언제 받기로 했는지를 정확히 정리해두어야 실질적인 수익 구조를 알 수 있다.

다시 Q의 이야기로 돌아가보자. 인근에 있는 A 회사의 직원 30명은 일주일 내내 점심 식사를 Q의 식당에서 먹는다. 1인당 1만 원씩 계산하여 한 번에 30만 원의 매출이 발생한다. 그런데 30명이 식사를 마친 뒤 각자 계산하려니 시간이 너무 많이 걸렸다. 하여 장부를 만들어 밥을 먹은 직원들의 서명을 받고, 결제는 매달 회사에서 일괄적으로 하기로 했다. 한 달간 기록한 장부를 A 회사에 주면 밥값을 이체해주는 식이다. 그렇게 몇 개월 지났을 무렵 자금이 부족해진 A 회사가 Q에게 다른 방식을 제안해왔다. 매달 계산하기가 번거로우니 6개월 단위로 결제하는 것으로 변경하고, 대신 총 음식값의 10%를 추가로 지불하겠다는 것이었다. Q는 6개월마다 목돈이 들어오는 것도 나쁘지 않다고 생각하며 제안을 수락했다.

장부가 쌓여가자 Q는 돈을 받을 생각에 들떴다. 아직 내금이 들어오지는 않았지만 장부의 서명이 곧 돈이므로 그 개수만큼 수익을 계산해 매출 장부에 기록한다. 그런데 문제가 생겼다. 식재료를 살 현금이 부족해진 것이다. 매출 장부만 보면 상당한 수익이 있는데 수중에 현금이 없다. A 회사로부터 돈이 입금되려면 앞으로 한두 달은 더 있어야 하니 Q는 당혹스럽다.

나를 속이는 위장 매출은 Q가 받아둔 서명들과 비슷하다. 실제로 현금으로 거래하는 회사는 많지 않다. 대부분은 어음을 비롯해 다양한 전자결제 방식을 이용한다. 현금을 주고받는 것이 가장 확실하겠지만 거래의 규모를 키우고 처리도 빨리 할 수 있어 현금보다는 외상 거래를 선호하는 것이다. 이런 상황에서 Q처럼 갑자기 곤란에 처하지 않으려면 늘 일정 수준의 현금을 보유하고 있어야 한다. 그렇지 않으면 결제일에 대금을 지급하지 못해 부도가 난다. 재무 상태에서 매출을 파악할 때 현금 흐름도 주시해야 하는 이유다. 재무 상태는 1년 전의 데이터를 기준으로 하기 때문에 현재 얼마의 돈을 가지고 있는지까지는 알 수 없다. 그래도 대략적인 평균 현금 회수율은 예측 가능하다. 또한 매출 채권의 규모를 통해서는 실제 자금 회수가 잘 이뤄지고 있는지 파악할 수 있다. 매출 채권이 현금화되는 기간은 어느 정도 정해져 있다. 거래처의 결제 기간에 맞춰 현금으로 받는 것이므로 마음대로 그 기간을 줄이거나 연장할 수 없다. 꾸준히 거래하는 곳이 많다면 자연스레 그 업체들의 평균 대금 결제 기간이 그 회사의 결제 기간이 된다.

Q가 지난 1년간 A 회사 직원들에게 음식을 팔아 받을 금액이

1억 2,000만 원이라고 해보자. Q의 식당 손님은 A 회사 직원이 전부라고 가정한다면 Q의 지난해 매출은 1억 2,000만 원이다. 아직 A 회사가 식사 대금을 하나도 지불하지 않았다면 매출 채권도 1억 2,000만 원이다. 6,000만 원이 입금되었다면 매출 1억 2,000만 원 중 6,000만 원은 현금 자산이고, 나머지 6,000만 원은 아직 매출 채권으로 남아 있다. 매출 채권은 나중에 현금으로 받게 될 자금이다. 매출 채권이 현금화되는 기간이 길어질수록 Q의 부담은 커진다. 만약 A 회사가 끝끝내 대금을 지급하지 않는다면 수북이 쌓인 서명 장부는 휴지조각이나 다름없어진다.

매출 채권이 현금화되는 기간이 일정한 회사의 매출 채권이 어느 해에 갑자기 늘어나면 반드시 특별한 이유가 있다. 매출은 그대로인데 매출 채권만 전년보다 급격히 늘었다면 자금 회수가 원활하지 않다는 뜻이다. 매출 채권의 규모가 일정 수준 이하로 줄어들지 않는 이유로는 크게 두 가지가 있다. 하나는 영업권을 유지하기 위해 거래처에 물건을 깔아놓은 경우이고, 다른 하나는 악성 채권으로 변질되어 받을 수 없는 매출 채권이 된 경우다. 후자에 해당된다면 매우 심각한 상황이므로 이에 유의해야 한다.

② 실제로 보유 중인 나의 자산, 순자산

수익산출표가 지난 1년의 성적표라면 순자산을 파악해서 삭성하는 재무상태표는 자산의 가장 최근 모습을 찍은 사진이라고 할 수 있

재무상태표

다. 재무상태표 역시 구조는 단순하다. 자본과 부채를 합산하여 자산을 계산한다. 하지만 이를 보면 자산이 처음에 어떻게 생겨났고, 현재 어떤 모습을 하고 있는지 알 수 있다. 원만하게 성장한 자산의 초기 양상과 현재의 순자산을 쭉 나열하면 그 자산이 어떻게 커왔는지 추적도 가능하다. 처음부터 본인 소유의 건물에서 큰 규모로 사업을 시작하는 사람은 많지 않다. 대부분은 임차 사업장에서 작은 자본금으로 출발한다. 그렇게 수년간 사업을 운영하며 돈을 모으고 은행에서 대출을 받아 건물을 구입하거나 새로 짓는다. 이런 과정들이 재무상태표에 고스란히 나타난다. 때문에 각 해의 재무상태표들을 시간순으로 살펴보면 마치 성장앨범을 보듯이 그 회사가 커온 과정을 알 수 있는 것이다.

재무상태표에는 그 회사가 돈을 어떻게 마련해서 어떻게 쓰는지 담겨 있다. 하지만 연속적으로 이어지는 기업 활동의 어느 한 순간만 보여주므로 재무상태표가 현재를 그대로 반영한다고 판단하긴 어렵다. 그럼에도 우리는 재무상태표에서 중요한 정보들을 많이 얻어낼 수 있다. 여러 해에 걸친 재무상태표들을 모아서 분석하면 자금 운용 방식의 흐름이 보인다.

우선, 재무상태표를 보면 '줄 돈'과 '받을 돈'이 구분된다. 상품을 판매한 대금을 현금으로 바로 받으면 좋지만 그렇지 않은 경우도 많다. 아직 현금을 받지는 않았지만 받을 예정인 것들이 있다. 이 돈은 받을 돈이다. 주로 현금화되지 않은 외상 매출금과 창고에 쌓인 재고인데, 결국 현금이나 마찬가지다. 줄 돈은 외상 매입금이다. 외상으로 물건을 가져왔으니 언젠가는 지급해야 한다. 이 받을 돈(외상 매출금과 재고)과 줄 돈(외상 매입금)을 비교하면 전체 자산 상태가 보인다. 받을 돈보다 줄 돈이 더 많다면 자신의 돈이 아닌 남의 돈(외상)으로 생활하고 있는 것이다. 이때 여러 해의 재무상태표를 함께 보는 것이 중요한데, 판매가 증가하면 생산도 증가하므로 외상 매출금과 외상 매입금이 동시에 늘어나기 때문이다. 그렇지 않은 경우라면 재무 상태에 문제가 있다는 뜻이다. 매출과 외상 매출금이 모두 줄어드는 가운데 외상 매입금만 늘어나고 있다면 물건을 만들어도 판매되지 않고 있다는 것을 의미한다.

③ 재무 상태 최종 정리

이익을 내는 것은 보유한 자산이 있기에 가능하다. 이때 사산은 돈을 버는 자산과 그렇지 않은 자산으로 나뉜다. 돈을 버는 자산을 정확히 파악해야 더 많은 수익을 낼 전략을 세울 수 있다. 돈을 버는 자산은 본업 자산이다. 본업 자산을 늘리면 수익도 늘어나지만 자산을 늘리기 위해 부채를 더 끌어다 쓰게 되기 때문에 이자 비용이 발생한다. 그래서 수익이 늘어나는 폭이 생각보다 작다.

예를 들어, 지난해 1월 1일에 자본금 100을 가지고 있었다고 해보자. 최초 재무 상태는 자기자본 100에 부채 0이었는데, 같은 해 12월 31일는 자기자본 100에 부채 200이 되었다. 자산은 이 둘을 합한 300이다. 그 1년 동안 수익을 100 벌었고 30의 비용을 지출해 순이익으로 70이 남았다. 정리하면 지난해에 총 300의 자산으로 70의 수익을 얻은 것이다. 이를 수식으로 표현하면 아래와 같다.

연초 자본(100) + 연말 부채(200) + 연간 수익(100)
= 연말 자산(200+100+70) + 연간 비용(30)

이처럼 수익과 비용으로 순이익을 산출하고 자산과 합산하면 최종 재무 상태를 알 수 있다. 돈을 버는 능력과 자산 현황을 하나의 표로 합치는 것이다.

기업이 매년 재무 상태를 분석하는 것처럼 매년 말 나만의 최종 재무상태표를 작성해보자. 누군가에게 제출하거나 보여주는 것이 아니므로 나만 알 수 있도록 간단히 만들어도 된다. 그것만으로도 한 해 동안 얼마의 수익을 냈으며 현재 자산 상태가 어떠한지 정확

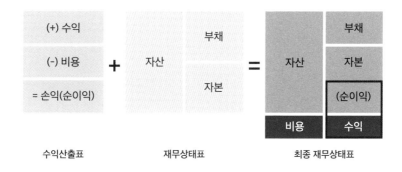

수익산출표	재무상태표	최종 재무상태표

하고 명료하게 알 수 있다. 이것이 부를 축적하는 첫 번째 행동이다. 수익이 급격하게 늘어났던 시기가 궁금하다면 손익계산서(수익산출표)를 보면 된다. 수익산출표는 철저히 1년의 성과만 따지기 때문이다. 이 수많은 1년들을 모아서 누적해 보여주는 것이 재무상태표다.

자산 시스템은 돈을 먹고 소화시켜서 다시 돈을 배출한다. 적은 돈을 먹고 그보다 많은 돈을 배출한다면 효율이 좋은 시스템이다. 반대로 먹은 것보다 적은 돈을 배출하거나 그 속도가 느린 시스템은 효율이 나쁜 것이니 피해야 한다. 이 자산 시스템이 어디서 돈을 공급받아 어떻게 소화를 시키고, 소화 중의 뱃속 상태는 어떤지 보여주는 것이 재무상태표다. 처음에는 순수한 현금의 형태로 시스템에 공급된다. 이 현금은 재료, 재공품, 완성품의 형태로 변하여 다시 현금으로 되돌아가기를 바란다. 때로는 부동산이 되어 자산 시스템에 오래도록 머물며 사활을 함께한다. 토지와 건물도 결국 현금으로 구입하는 것이라는 점을 생각하면 이해가 쉬울 것이다. 그 현금이 자기자본이든 타인자본이든 본질은 같다.

다만 자산 시스템에 공급된 현금의 출처를 파악해야 한다. 자산 시스템이 현금을 공급받는 방법은 외부 조달과 내부 조달 두 가지다. 여기서 외부와 내부는 자산 시스템을 기준으로 하는 것이다. 내 자산 시스템에서 배출된 현금은 자기자본, 즉 내부에서 조달된 것이다. 반대로 내 자산 시스템이 아닌 외부에서 조달된 현금은 타인자본이다. 이를 철저히 구분하지 않고 두 자금이 섞이면 어떤 것으로 수익을 냈는지 알 수 없으니 유의하자.

2단계: 기간 나누기

재무 상태의 시간은 1년을 기준으로 한다. 1년 이내이면 '단기', 1년 초과이면 '장기'로 나눈다. 이를테면 1년 이내에 현금화할 수 있는 채권은 단기 채권, 1년을 초과해 상환해도 되는 부채는 장기 부채라고 하는 식이다. 이렇게 기간을 구분하면 자산 시스템의 몸무게를 알 수 있다. 사람의 경우 연령과 신장에 따라 평균 체중이 존재한다. 이를 기준으로 비만인지, 저체중인지, 다른 병이 있을 가능성은 없는지 예상할 수 있다. 자산 시스템에서는 1년이라는 기간이 평균 체중의 역할을 한다. 이를 기준으로 무거운지(장기), 가벼운지(단기), 시스템 구조는 건강한지 예측이 가능하다.

1년 이내에 현금화할 수 있는 단기 자산은 매출 채권 등 상품이

나 서비스를 판매해서 나중에 받게 될 채권들이다. 거래처에서 이 대금을 지급하면 즉시 현금이 되기 때문에 단기 자산으로 분류된다. 반면, 유형 자산은 매도에 1년 이상 걸리는 경우가 많다. 토지나 건물 등의 부동산과 기계, 기구 등이 그렇다. 이런 자산들은 즉시 현금화가 어려워 장기 자산으로 본다. 이렇게 자산을 단기와 장기로 나누면 보이지 않던 기업의 실체가 드러난다.

같은 돈을 벌지만 자산 시스템이 다른 두 기업 A와 B가 있다고 해보자. A는 자산 중 70%가 단기 자산이고, 30%가 장기 자산이다. B는 80%가 장기 자산이고 20%가 단기 자산이다. 이 비중의 차이만 봐도 B의 무게가 많이 나갈 것 같은 예감이 든다. 그러나 무겁다고 해서 나쁜 것이 아니다. 각각의 장점이 있다. 장기 자산의 규모가 상대적으로 작은 A는 자산을 비교적 가볍고 신속하게 운용할 수 있다. B가 자산을 현금화하는 것은 분명 A보다 어렵다. 대신 토지나 부동산 같은 묵직한 자산을 보유하고 있어 이를 통해 안정적인 수익을 실현하거나 어려운 시기에 담보로 활용할 가능성이 높다.

이번에는 자산 중에서도 부채를 나눠보자. 1년 이내에 갚아야 하는 단기 부채가 많으면 상환 독촉을 받기 쉽다. 그러면 본업 수익으로 얻은 현금 중 상당액을 대출을 갚는 데 사용해야 한다. 현금은 핵심 자산을 늘리는 데 써야 하는데 다른 곳에 지출하게 되는 것이다. 부채에는 은행에서 빌린 금융 부채만 있는 것이 아니다. 본업 활동에서도 발생하는 외상 매입금, 미지급 등도 모두 부채다. 이렇게 거래처와의 사이에서 발생하는 부채는 보통 단기 부채다. 이 단기 부채의 상환 시기가 언제인지 항상 인지하고 있어야 한다. 1년은 생각보다 빠르게 지나가고, 남의 돈을 오래 가지고 있을 수는 없다. 줘야 할 돈은 반드시 줘야 한다. 심지어 그냥 주는 것이 아니라 비용(이자)을 붙여서 줘야 한다.

단기 자산이 너무 많으면 문제가 되지만, 장기 자산을 과다하게 보유하고 있는 것도 바람직하지 않다. 단기 자산이 거의 없고 장기 자산만 많으면 실제로 돈을 벌어들이고 있는 자산 시스템인지 의심해야 한다. 사업을 정상적으로 운영하고 수익이 늘어나면 매출 채권이 무조건 생긴다. 그런데 단기 자산이 별로 없다면 둘 중 하나다. 현금으로만 대금을 결제하는 우량 기업이거나 영업이 전혀 이루어지지 않는 최악의 기업이다. 특히 매출 채권이 거의 없다면 매출을 내지 못하는 상태라 봐야 한다.

탄탄한 자산 시스템은 단기 자산과 장기 자산이 균형을 이루고 있다. 총자산이 똑같이 10억 원인 자산 시스템 A와 B를 비교해보자. 10억 원 중 대부분이 단기 자산인 받을 돈(매출 채권, 받을 어음 등)인 A와 본업 수익을 버는 핵심 자산으로만 10억 원인 B는 질적으로 차이가 난다. 단기 자산만 과다하면 그 자산 상태는 매우 불안정하다. 매출 채권이 제때 회수되지 않으면 운영 비용이 부족해지고 부도로 향하게 된다. 임차 사업장에 월세를 내며 매출 대금도 전부 외상으로 거래하는 상태라면 임대료와 대금의 결제 압박까지 더해져 자금이 늘 모자라다.

단기와 장기로 구분해보면 내 자산과 남의 자산이 명확해진다. 철저히 구분할수록 더욱 면밀한 분석이 가능하다. 본인 소유라고 알고 있었는데 따져보니 타인 소유라면 계획해둔 자산 시스템 구축 전략에 오류가 발생한다. 10억 원 상당의 부동산을 가지고 있어도 이를 담보 삼아 감정가의 120% 액수의 대출을 받았다면 그 부동산을 온전히 내 것이라 할 수 있을까? 소유주로서 권리 행사에 제한이 붙고, 대출을 갚지 않으면 언제 빼앗길지 모른다. 대출 기한이 짧을수록 타인 소유에 가까운 셈이다. 매출도 그렇다. 10억 원의 매출을 올렸다면 계좌에 10억 원의 잔고가 있어야 한다. 하지만 그 10억 원의 대부분이 매출 채권의 형태라면 어떨까? 아직 현금화하지 못했는데 온전한 수익으로 볼 수 있을까? 이 경우에는 매출 채권의 기간이 짧을수록 본인 소유에 가깝다.

3단계: 자산 나누기

자산은 본업 자산과 일반 자산으로 나뉜다. 본업 자산은 말 그대로 본업을 수행하기 위해 꼭 필요한 자산, 즉 핵심 자산이다. 핵심 자산이 있어야만 본업 수익을 얻을 수 있다. 부동산 임대사업자에게는 보유한 부동산이 핵심 자산이고, 제조업체에게는 생산 공장과 설비가 핵심 자산이다. 일반 자산은 현재 본업을 운영하는 데 직접적인 도움을 주지는 않는다. 현재로서는 있어도 그만, 없어도 그만이다. 나중에 본업 자산으로 변경될 가능성이 있다면 잠재적인 핵심 자산으로 간주할 수는 있다. 그래도 지금 수익을 벌어들이지는 않는다.

어떤 기업이 토지와 건물을 가지고 있다고 해서 모두 본업 자산은 아니다. 토지는 시설 투자를 위해 미리 보유하고 있는 것일 뿐, 자금이 부족하면 언제든 팔아버릴 수 있다. 현재 가동 중인 공장의 토지와 건물, 설비는 없으면 생산하지 못하는 필수 자산이다. 칼국수집 사장인 H에게 핵심 자산은 밀가루를 반죽하는 기계와 면을 뽑는 기계다. H는 최신형 노트북으로 주식 투자를 한다. 노트북도 자산이고 주식 투자로도 수익을 내지만 칼국수집 매출에 영향을 주지는 않는다. 따라서 노트북은 핵심 자산이 아닌 일반 자산이다.

그런데 구분하기 애매한 자산들도 있다. 만약 칼국수집 사장 H가 어느 날 온라인으로 예약을 받아 관리하기로 결정한다면 그날부터 노트북은 핵심 자산이 된다. 이처럼 핵심 자산과 일반 자산을 무 자르듯 나누기는 조금 어렵다. 본업 수익에 필요한지 아닌지로 구분하되, 본업에 필요하다고 합리적으로 인정되는 수준이라면 핵심 자산으로 분류하면 된다. 나의 자산 중 일반 자산이 많다면 이를 핵심 자산으로 전환시키려는 노력이 필요하다. 일반 자산을 핵심 자산으로 전환해서 발생한 수익을 다른 핵심 자산에 재투자하여 다시 수익을 얻는 순환 구조가 형성되면 꾸준한 부의 축적이 가능해진다. 전환 가능성이 전혀 없는 일반 자산들만 가득하다면 결국 수익이 하락하게 되어 있다. 지금은 일반 자산이어도 핵심 자산으로 전환될 가능성이 높은 자산을 보유하는 것이 좋다.

어느 제조업체가 공장을 지을 토지를 미리 매입한 다음 건축 자금이 마련될 때까지 기다리는 중이라고 해보자. 이 땅에서는 당장 본업 수익이 발생하지 않으니 일반 자산이다. 하지만 공장을 지으면 핵심 자산으로 바뀐다. 그런데 제조업체가 매매차익을 목적으로 아파트나 상가를 계속 사들인다면 이는 좋은 수익 구조가 아니다. 부동산 투자로 수익률을 높일 수 있을지는 몰라도 상가나 아파트가 제조업의 생산력에 도움이 되지는 않기 때문이다.

또한 제조업체가 본업으로 버는 수익은 미미하고, 본업 수익을 기반으로 주식과 부동산에 투자해 더 많은 돈을 벌었다면 이 기업을 제조업체로 봐야 할까? 투자가 본업이 아닌 회사가 투자로 평균 이상을 수익을 냈다고 그것을 올바른 수익이라 할 수 있을까? 어쨌든 본업은 제조업이니 내년에도 내후년에도 계속 본업 활동을 해나가야 하는데, 주식과 부동산에 자금이 몰려 있으면 본업에 필요한 자금은 어떻게 충당할 수 있을까? 제조업이 본업이라면 장기적인 관점에서 생산력과 판매력을 높이는 방향으로 활동해야 한다. 그래야 본업 수익이 성장한다. 일반 자산의 수익이 많아질 경우에도 전체 이익은 증가하니 2~3년 정도는 재무 상태가 우수해 보일 수 있나. 하지만 상기석인 관점에서는 핵심 자산을 탄탄히 하는 것이 훨씬 중요하다.

핵심 자산의 수익과 일반 자산의 수익은 철저히 구분해야 한다. 실질적으로 자산 시스템이 잘 작동해서 발생한 수익인지, 아니면 일반 자산을 통한 일시적인 수익인지 알아야 하기 때문이다. 그래야 실질적인 이윤 창출 능력이 왜곡되지 않는다. 자산 시스템 구축의 최종 목표는 돈을 버는 것이지만, 단순히 자산이 많다고 해서 많은 돈을 버는 것이 아니다. 핵심 자산을 이용해 본업 수익을 많이 내야 좋은 자산 시스템이다.

다시 칼국수집 사장 H를 예로 들어보자. H의 본업은 음식 판매다. 매일 홀이 꽉 찰 만큼 본업이 잘 운영되면 좋을 텐데, 손님들의 발길이 점차 줄어든다. 혼자 매장을 지키는 시간이 늘어나자 H는 주식 투자를 시작했다. 시작한 지 며칠 되지 않았음에도 투자 수익이 심상치 않다. 식당에서 한 달을 꼬박 일해야 버는 돈을 주식 투자로 단 일주일 만에 번 것이다. 자신감이 붙은 H는 아예 가게문을 닫고 아침부터 주식시장 마감 전까지 모든 시간을 투자에 쏟는다. 수익도 계속해서 상승세다. 그렇게 연말이 되었다. 따져보니 H는 1년 중 3개월만 식당 장사를 했고, 나머지 9개월 동안은 주식 투자로 돈을 벌었다.

그렇게 1년간 번 돈을 정산하려 할 때 H가 음식을 팔아 번 돈과 주식 투자를 해서 번 돈을 나누지 않는다면 어떻게 될까? 어떤 방법으로 벌었든 모두 H의 돈이긴 하지만 엄연히 출처가 다르다. 정확히 구분해두지 않으면 식당 운영에 있어 수익의 오류가 생긴다. 다른 사람에게 가게를 넘기려고 할 때 3개월간 장사해서 벌어들인 수익이 아니라 투자로 번 수익까지 함께 계산하기라도 한다면 정말 심각한 문제가 된다. 주식으로 번 수익은 앞으로 H가 식당을 운영하는 데 직접적인 도움이 되지 않는다. 주식 투자를 잘하는 것과 칼국수 면을 맛있게 잘 뽑는 것에는 아무런 상관이 없다. 주식 수익으로 좋은 식재료를 사고 반죽기를 새것으로 교체할 수는 있지만, 부업으로 번 수익이라는 사실은 변하지 않는다.

부채에도 같은 논리로 접근한다. 금융기관에서 자금을 빌렸을 때, 차입으로 인해 발생한 부채를 본업을 기준으로 다시 생각해보자. 빌린 자금을 본업 활동에 사용했는지 아닌지를 파악해야 한다. 정상적인 본업 활동을 위해 발생한 부채는 본업 부채다. 경영 활동에 수반되는 본업 부채는 본업 수익이 증가하는 만큼 늘어나게 되어 있다. 많이 판매하기 위해서는 그만큼 구입해야 하기 때문이다. 문제는 반대의 경우다. 매출이 늘지 않았는데 부채만 늘어나고 있다면 자금이 새고 있다는 증거다.

4단계: 현금 지출의 세 가지 종류

수익 측면에서 자산 시스템의 이상적인 형태는 적은 현금을 먹고 그보나 낳은 현금을 배출하는 구조다. 100의 현금을 먹었는데, 90이나 80의 현금을 배출한다면 그 자산 시스템은 가치가 없다. 돈을 벌기 위해 자산 시스템을 운영하는 것인데 손실만 발생한다면 활동을 안 하는 게 낫지 않겠는가. 단, 공익적인 가치나 사회적 이익을 제외한 수익만을 따졌을 때 이야기다.

자산 시스템에서 발생되는 현금은 정말 중요하다. 아무리 매출 실적이 좋아도 현금이 없어 부도를 맞는다면 그 실적에는 의미가 없다. 돈을 주고받는 타이밍이 맞지 않으면 짧은 시간에 굉장히 위험한 순간을 겪게 될 수 있다. 이런 위기가 잦아지면 부도나 파산으로 이어지는 것이다. 따라서 현금 흐름을 잘 파악해 자산 시스템이 현금을 어떻게 사용하고 있지 따져봐야 한다.

부를 축적하는 자산 시스템이 자금(현금)을 합리적으로 사용하는 방법으로는 투자, 부채 상환, 저축의 세 가지가 있다. 이외의 현금 지출은 자산 축적을 위한 것이 아닌 단순소비성 지출로 본다. 본업 수익으로 얼마를 벌었는지와 더불어 그 자금을 이 세 가지 용도로 적절하게 배분해 사용했는지 기록해야 한다. 현금 흐름을 꾸준히 파악하면 1년 동안 영업했을 때 현금이 얼마나 쌓이는지 대략적으로나마 알 수 있다. 현금을 너무 많이 쌓아두기만 하는 것도 옳지 않지만, 현금이 부족해 결제를 못하는 상황은 절대 피해야 하기 때문에 웬만큼 여유 있게 관리하는 것이 좋다.

① 투자

본업의 수익성을 높이기 위해 기계를 구입하거나 건물을 신축하는

데 들어간 자금이다. 정상적인 자산 시스템에서는 일정한 투자를 지속한다. 돈을 벌기에 적합한 환경을 만들기 위해 돈을 쓰는 것이다. 반대로 돈을 벌기에 적합하지 않은 일반 자산은 매각한다. 일반 자산의 매각도 투자의 일종이라고 볼 수 있다. 쓰지 않는 기계, 쓸모 없는 토지나 건물을 팔아서 번 돈을 본업 활동에 투입하면 투자가 된다. 현금을 지출하는 투자 활동은 핵심 자산을 구입하는 것에 집중해야 한다. 수익이 높다고 본업과 관계없는 일반 자산을 늘린다면 핵심 자산을 늘릴 기회를 놓치고 만다. H가 보유한 현금으로 가게에 놓을 키오스크 대신 주식 투자를 위한 컴퓨터를 구입하는 것과 같다. 키오스크를 구입하면 주문과 결제에 들어가는 수고를 영업 활동에 쏟을 수 있다. 이 경우 본업 수익을 높일 수 있으니 투자가 된다. 하지만 컴퓨터는 영업 활동에 도움을 주지 않는 일반 자산에 불과하니 이를 구매한 것을 투자라고 할 수 없다.

② 부채 상환

자기 자금으로만 자산 시스템을 운영할 수도 있지만 그 규모를 키우고 수익을 극대화하려면 차입을 하게 된다. 시간이 흘러 차입한 자금이 과다해지면 부채의 일부를 상환해 부채 비율을 적정선으로 낮춰야 한다. 이때 본업 부채를 상환하는 데 들어가는 현금은 정당하다. 이자 비용과 본업 수익을 비교해서 비용이 더 크다면 상환을 해야 한다는 뜻이다. 자신의 재무 상태에 맞는 적정 부채 비율을 먼저 정해두고 그 선을 넘지 않도록 차입과 상환을 반복하는 것이 좋다. 일반적인 적정 부채 비율은 약 200%다.

③ 저축

저축을 하면 다른 용도의 지출 기회를 포기하게 되므로 이 역시 현금 지출로 분류한다. 이때 이자 수익을 목적으로 저축하는 것은 아니다. 투자나 부채 상환 후에도 남은 현금을 재투자를 위해 비축하는 것이다. 재투자를 하려면 반드시 일정 금액의 현금이 있어야 하기 때문이다. 또한 투자를 위해 차입할 경우의 이자 비용을 감당하고, 향후 일부 상환을 하려면 현금이 확보되어 있어야 한다. 저축한 현금은 그런 용도로 사용될 자금이라 보면 된다.

자산 시스템에서 지출은 투자 못지않게 중요하다. 단순히 소비성 지출을 줄이고 통제하는 심리적 차원을 넘어선 자산 관리 전략의 일부다. 수익이 오르지 않더라도 지출을 똑똑하게 운용하면 더 많은 수익을 내게 되는 효과가 있다.

5단계: 현금 흐름의 파악

현금 흐름은 영업과 투자, 재무 활동을 구분하여 파악한다. 영업현금의 흐름은 자산 시스템이 영업활동을 통해 실제로 벌어들인 현금의 양을 보여준다. 실제로 현금을 받지 않았음에도 수익으로 계산했던 재고와 외상 매출금에서 외상 매입금을 제외한 금액을 차감해 실제 현금을 산출한다. 이렇게 함으로써 실제 수익보다 부풀려 계산되는 것을 막을 수 있다. 영업현금 흐름이 마이너스(-)가 된다면 남의 돈으로 사업을 하는 상태이므로 매출이 잘 나와도 자금 결제를 못해 부도가 날 수 있다. 또한 영업현금 흐름이 마이너스여도 재무상태표는 마이너스가 아닐 수 있다. 운전자본(재고와 외상 매출금의 합에서 외상 매입금을 제한 자본. 영업자본 또는 경영자본이라고도 한다)이 당기순이익보다 많으면 영업현금 흐름은 마이너스임에도 재무상태표는 멀쩡한 정상 수익을 보여준다. 영업현금 흐름을 알지 못하면 당장 내일 부도가 날 상황인데도 모르고 지나칠 수 있는 것이다. 영업현금 흐름이 일시적인 적자가 아닌 지속적인 마이너스 상태를 보인다면 자금 운영에 문제가 있다고 봐야 한다.

투자현금은 영업에 필요한 핵심 자산을 구입하는 과정에서 발생하는 현금이다. 다시 말해 본업 수익을 증대시킬 수 있는 자산을 매입하거나 본업에 도움이 되지 않는 자산을 매각하는 과정에서 생기는 현금이다. 시설과 설비는 시간이 갈수록 노후화된다. 현재의 정상적인 자산 시스템을 유지하려면 투자를 해야 한다. 현상 유지를 넘어 매출을 지속적으로 늘리고 자산 시스템의 규모를 키우려면 꾸준한 투자가 뒷받침되어야 한다. 그런데 정상적인 자산 시스템의 투자현금 흐름은 마이너스인 경우가 많다. 투자현금 흐름에서는 플러스(+)와 마이너스의 개념이 영업현금과 정반대다. 영업현금 흐름은 돈을 버는 흐름이므로 절대 마이너스 상태가 되면 안 되지만, 투자현금 흐름은 벌어들인 현금을 지출하는 것이므로 마이너스가 된다. 투자하지 않으면 자산 시스템은 퇴보하기 때문에 꾸준한 투자는 꼭 필요하고, 따라서 투자현금의 흐름은 마이너스인 것이 바람직하다.

재무현금의 흐름은 영업과 투자 외의 자본을 어디서 얻는지 그 출처를 보여준다. 금융기관에서 돈을 빌려오는 차입은 타인자본이다. 타인자본과 자기자본의 흐름을 통해 어떻게 현금을 조달했는지 파악한다. 재무현금 흐름을 보면 차입금 상환 등 보유한 현금을 어떻게 지출했는지도 알 수 있다. 저축은 다른 용도의 지출을 포기하는 것으로, 차입과는 반대다.

영업과 투자, 재무의 현금 흐름은 각각 고유의 성격이 다르다. 각 현금 흐름의 상태가 플러스인지 마이너스인지에 따라 자산 시스템의 위험도를 판별할 수 있다. 지금부터 이를 자세히 알아보자.

① 우량: 위험도 0의 현금 흐름

영업현금 흐름 **+**   충분한 현금을 확보
투자현금 흐름 **-**   영업 활동으로 얻은 현금으로 충분한 투자
재무현금 흐름 **=**   차입금이 적거나 없는 상황. 저축으로 투자 자금 비축

마이너스라고 해서 무조건 부정적인 상황인 것은 아니다. 영업현금 흐름이 좋아 충분한 현금이 확보되면 그것으로 충분한 투자와 저축을 할 수 있다. 본업 활동의 수익 유지 또는 향상을 위해서는 꾸준한 시설 투자가 필수다. 이 투자를 통해 투자 금액보다 많은 돈을 벌 수 있다면 투자현금 흐름은 다소 마이너스인 것이 합당하다. 투자와 저축이 영업현금 흐름으로 마련된 것이면 자산 시스템의 본래 목적인 수익 창출의 역할에 충실했다고 본다. 따라서 영업현금이 플러스, 투자현금이 마이너스이고, 재무현금은 변동이 없으면 위험도가 매우 적은 우량한 현금 흐름 상태로 판단한다.

② 양호: 위험도 1의 현금 흐름

영업현금 흐름 + 충분한 현금을 확보
투자현금 흐름 − 차입금으로 투자
재무현금 흐름 + 금융기관으로부터 차입

일반적인 자산 시스템의 현금 흐름 구조는 위와 같은 양상을 보인다. 본업 활동을 하면서 자기자본 100%로 시작하는 경우는 드물다. 금융기관에서 돈을 빌려 레버리지 효과를 극대화함으로써 수익을 키우는 것이 보통이다. 재무현금 흐름이 플러스이면 대개 타인자본(대출)을 조달한 경우다. 그렇게 조달한 현금을 투자 활동에 사용하고 있고, 영업현금 흐름은 플러스 상태다. 여기서 영업현금 흐름이 가장 중요하다. 차입금을 투자에 사용해도 영업현금 흐름이 플러스이므로 본업 활동에 무리가 없다.

③ 보통: 위험도 2의 현금 흐름

영업현금 흐름 **+**   충분한 현금을 확보
투자현금 흐름 **+**   보유 자산을 매각
재무현금 흐름 **−**   금융기관 부채를 상환

위험도 보통 수준의 현금 흐름 상태에서 먼저 눈에 띄는 것은 투자현금 흐름이다. 투자 활동을 하면 대개 투자현금 흐름이 마이너스가 되는데, 플러스인 경우는 대체로 보유 중이던 자산을 매각해 매각 대금이 들어왔음을 의미한다. 부채 상환의 압박이 들어오는데 보유 자금으로는 부족해서 일반 자산을 매각한 것이다. 여기서 재무현금 흐름이 마이너스 상태가 된 것은 앞서 보유 자산을 매각해 마련한 현금으로 금융기관의 부채를 상환했기 때문이다. 타인자본은 언젠가는 반드시 상환해야 하고, 사용 중에 이자도 내야 한다. 이율이 높아지기라도 하면 이자 비용이 더 지출되기 때문에 적정한 선에서 갚아나가야 한다. 보유 자산이 벌어들이는 현금의 양과 이자로 지출되는 현금의 양을 비교해 부채를 갚는 것이 더 이득이라고 판단되면 보유 자산을 매각해 상환 자금을 마련한다. 다행히 영업현금 흐름은 플러스이므로 본업 활동에 이상이 없어 보인다. 자산을 매각했으니 그 자산으로 벌 수 있는 현금 중 상당 부분을 잃게 되었다. 물론, 그에 상응하는 금액을 받았지만 대부분을 부채 상환에 쓴다면 주요 자산만 사라진 셈이다. 이 경우 생산 능력이 낮아질 위험이 있다. 따라서 가급적이면 핵심 자산이 아닌 일반 자산을 처분해야 한다.

④ 미흡: 위험도 3의 현금 흐름

영업현금 흐름 -	현금의 부족
투자현금 흐름 -	차입금으로 투자
재무현금 흐름 +	금융기관에서 자금 차입

이는 최악으로 가기 직전의 상황이다. 금융기관에서 자금을 차입해 투자하였으나 영업현금 흐름이 마이너스가 되면서 현금이 부족해졌다. 자금을 차입했으니 이자가 발생한다. 이로 인해 그나마 얼마 없는 현금이 더욱 줄어든다. 그렇게 진행한 투자 활동이 긍정적으로 작용하여 영업현금의 흐름을 플러스로 이끌어야 하는데 그렇지 못하고 있다. 이 상태에서는 대규모의 장기 투자를 할 수밖에 없어 이러한 현금 흐름이 지속된다. 2년 이상 같은 상태라면 재무에 심각한 문제가 있는 것이다. 현재 신용도가 양호하거나 제공할 담보가 있으면 추가 차입이 가능하기 때문에 이 차입금으로 유지한다. 그마저도 불가능하다면 정말 최악의 상황에 이르게 된다.

⑤ 불량: 위험도 4의 현금 흐름

영업현금 흐름 **－**   현금의 부족
투자현금 흐름 **＋**   보유 자산을 매각
재무현금 흐름 **－**   보유 자산을 매각한 대금으로 차입금 상환

가장 위험한 상태다. 금융기관에서 상환 압박이 거듭되어 어쩔 수 없이 보유 자산을 매각하고 그 대금으로 차입금을 갚는다. 영업현금 흐름은 당연히 좋지 않다. 자산의 매각 대금 중 일부는 운영 자금으로 사용하고, 일부는 차입금을 상환하며 간신히 버티는 중이다. 매각한 자산이 생산력에 영향을 주지 않는 일반 자산이라면 그나마 다행이지만, 남아 있는 일반 자산이 없어 핵심 자산을 매각했다면 최악의 상황이다. 한번 매각한 자산은 다시 구입하는 데 오랜 시간이 걸린다. 그동안 생산력을 유지해야 하는데 그렇지 못하면 자금 상황은 더욱 나빠지게 된다. 보유한 자본들을 소진시켜버리는 '자본 잠식'의 상태에 빠졌다고 할 수 있다.

자산 시스템에서 발생되는 현금은 정말 중요하다.

∙∙∙

아무리 매출 실적이 좋아도 현금이 없어

∙∙∙

부도를 맞는다면 그 실적에는 의미가 없다.

∙∙∙

돈을 주고받는 타이밍이 맞지 않으면

∙∙∙

짧은 시간에 굉장히 위험한 순간을 겪게 될 수 있다.

∙∙∙

STEP 5

지속

부의 축적,
그 이후의 삶

지금까지 부의 축적을 위해 잘못된 것을 비우고, 올바른 것을 채우며, 나만의 가능성을 발견하고, 나아가 행동으로 옮기는 일련의 과정에 대해 살펴봤습니다. 그렇다면 다음은 무엇일까요? 바로 단단히 쌓아 올린 자산을 지키는 것, 오랫동안 유지하는 것입니다.

이번 장에서는 지속 가능한 부의 축적에 대해 이야기합니다. 우리에게는 오늘만 있는 것이 아닙니다. 내일도 있고, 그다음 날도 있습니다. 한때 반짝하고 마는 부는 의미가 없지요. 삶이 끝나는 날까지 끊기지 않고 이어지는 부의 축적이야말로 진정한 부의 달성이라 할 수 있습니다. '세월 앞에 장사 없다'라는 속담처럼 시간은 가장 강력한 힘을 지녔습니다. 이런 시간을 내 편으로 만들 수 있다면 어떨까요? 지금부터 그 방법을 알아봅시다.

나를 바꾸는 것은
부의 크기가 아닌 의지의 크기

사람들은 원하는 만큼 돈을 모으면 이전과는 전혀 다른, 완전히 새로운 사람이 될 것이라 기대하곤 하는데, 그렇지는 않다. 어느 날 갑자기 부가 엄청나게 쌓이는 경우는 드물다. 건실하고 흔들리지 않는 진짜 부를 쌓으려면 충분한 시간이 필요하다. 갑자기 쌓인 부는 그만큼 갑자기 무너질 위험이 크다. 부는 차근차근 노력하는 과정에서 조금씩 축적된다. 그렇게 모인 돈이 나를 전혀 다른 사람으로 바꿔놓지는 않는다. 부의 축적을 이뤘어도 '나'라는 고유한 존재는 그대로다. 조금씩 노력해서 부가 쌓이고 커지는 것이며, 돈이 나를 전혀 다른 사람으로 만들지는 않는다.

부를 쌓고 싶은 마음은 현재 나의 상황에 불만이 클수록 간절하다. 돈만 있으면 하고 싶은 일을 다 하고 가고 싶은 곳에 모두 갈 수 있을 것 같다. 모든 문제가 돈이 없는 것 때문인 것 같다. 그런데 과연 그럴까? 지금 하고 싶은 일을 못하고, 가고 싶은 곳에 못 가는 것이 정말 돈이 없기 때문일까? 사실 돈은 핑계다. 문제는 돈이 아닌 마음이다. 진심으로 간절히 원한다면 어떤 것도 장애물이 되지 않는다. 간절함은 방법을 찾게 하고 목표를 이루게 한다.

간절함이 부족해서 하지 않는 것을 포장하기에 '돈이 없어서 그렇다'라는 것만큼 좋은 핑계도 없다. 그러면서 '나중에 돈이 생기면'이라는 말로 행동하기를 다음으로 미룬다. 그런데 그 '나중'에 얼마나 부자가 될지는 아무도 알 수 없고, 꿈꾸는 만큼의 부자가 될 확률은 희박하다. 그런 미지의 나중을 기대하며 현재 가진 것들의 가치를 놓쳐서는 안 된다. 부의 축적이 사람을 바꿔놓지는 않는다. 지금 감사하고 만족할 줄 모르는 사람은 부를 쌓아도 똑같다. 여전히 불만족스럽고 허전하다. 그런 삶이 과연 즐겁고 행복할까? 사람들은 말한다. 더 나은 내일을 위해 오늘의 고통을 참고 견디는 거라고. 괴롭지만 이겨내면 훗날 열매를 얻게 될 거라고. 맞는 말이긴 하지만, 나는 소중한 오늘을 포기할 만큼 값진 내일은 없다고 생각한다. 미래를 위해 부를 쌓는다고 해도 지금의 그 과정이 재미있고 즐거워야 한다. 돈을 모으는 일이 너무 힘들기만 하다면 그 방향이 맞는지 돌아볼 필요가 있다. 아직 다가오지 않은 내일의 부를 위해 현재를 고통 속에서만 보내는 것은 좋은 선택이 아니다.

한 지인이 내게 웬만한 직장인의 월급보다 더 많은 돈을 임대수익으로 벌고 있으면서 왜 계속 직장에 다니느냐고 물었던 적이 있다. 직장을 그만두고 그 시간을 임대사업에 투자하면 수익이 더 커지지 않겠느냐는 것이다. 하지만 이는 잘 모르고서 하는 이야기다. 내가 지금껏 임대수익을 늘려올 수 있었던 것은 생활 패턴에 변화가 없었기 때문이다. 임대수익이 조금 생겼다고 이전과는 다르게 소비 중심으로 살았다면 지금과 같은 모습으로 살 수 있었을까? 일하지 않고도 충분한 수입을 벌 수 있다면 여유롭고 화려한 삶을 만끽하기만 하면 될 것이라 오해하기 쉬운데, 현실은 그렇지 않다. 한번 잃어버린 패턴은 되돌리기 힘들고, 한번 커진 씀씀이를 다시 줄이기도 쉽지 않다. 절제와 통제가 사라지면 부의 축적도 끊기고만다.

직장은 자유 시간을 제한하고, 사람을 얽매는 면이 있지만 나는 그런 점이 좋다. 나는 어느 정도 통제된 상황 속에서 더 큰 능력을 발휘하는 편이다. 회사 밖에서 더 많은 성과를 내는 사람이 있는 반면, 나처럼 회사라는 울타리가 안정감과 원동력이 되는 사람도 있다. 그리고 나는 나의 그러한 성향을 잘 알고 있다. 또한 회사에서 얻는 것은 월급만이 아니다. 동료와 관계자, 고객 등 다양한 사람들과 만나면서 돈 주고도 살 수 없는 경험을 쌓고 인생의 교훈을 배운다. 회사가 내 시간을 사줄 수 있는 기간은 한정되어 있고 나 역시 언젠가는 회사를 떠나게 될 것이다. 그러니 일할 수 있을 때 후회 없이 일하고 싶다. 그렇지만 월급에 구속되지는 않으려고 노력한다. 어느덧 16년째 월급을 받으며 생활하고 있지만 그것에만 의존해선

안 된다는 것을 잘 알기 때문이다. 회사를 그만두더라도 임대수익만으로 충분히 삶을 꾸려나갈 수 있도록 절제하고 저축하는 습관을 들이고 유지하는 중이다.

부의 축적이 나를 다른 사람으로 만든다고 생각하지 않는다. 나를 더 나은 사람으로 만드는 것은 나의 의지다. 스스로 좋은 사람이 되고자 꾸준히 노력하면서 부의 축적을 달성하면 선한 영향력을 갖추게 된다. 그것을 많이 베풀면서 살아간다면 나뿐만 아니라 내 주위의 사람들도 행복한 삶을 오래도록 누릴 수 있다고 믿는다. 부를 지속해나가고 싶다면 스스로에게 물어보자. 나는 어떤 사람이 되고 싶은가? 어떤 삶을 살고 싶은가? 그걸 이루고 싶은 간절한 의지로 어떤 노력을 하고 있는가?

부의 축적이 사람을 바꿔놓지는 않는다.

지금 감사하고 만족할 줄 모르는 사람은

부를 쌓아도 똑같다.

여전히 불만족스럽고 허전하다.

그런 삶이 과연 즐겁고 행복할까?

시간을 내 편으로
만들어주는 마법

내가 가지고 있는 자원 중 가장 가치 있는 것을 꼽으라면 주저없이 시간이라고 답할 것이다. 그리고 그 가치는 시간이 부족하다고 느낄 때 극대화된다. 어느 금요일 오후 5시 40분, 내게 갑자기 당장 처리해야 하는 업무가 생겼다. 연휴를 앞두고 있어 모두들 조금 들뜬 마음으로 6시가 되기만을 기다리던 차였다. 절차를 제대로 밟는다면 40분은 족히 걸릴 일이지만 남은 시간은 단 20분, 다급하게 전투 업무 모드에 돌입했다. 목표는 하나다. 최대한 빨리 일을 끝내는 것! 유관 부서에 전화를 거는 동시에 전산 작업을 하고, 고객에게 필요한 정보를 요청했다. 그렇게 정신없이 30분을 보내고 마지막으로 엔터 버튼을 눌러 데이터를 전송했다.

그렇게 위기를 잘 넘기고 금요일이 아름답게 마무리되었다면 참 좋았겠지만, 서두른 탓인지 주요 항목 하나를 잘못 입력하고 말았다. 오류를 정정하는 건 어려운 작업이 아니다. 본사에 연락해서 전산 작업을 되돌리거나 구두로 데이터를 정정하면 된다. 문제는 이미 퇴근 시간이 지났다는 것이다. 본사에 아무리 전화를 걸어도 연결되지 않았다. 연휴를 고대한 것은 본사 직원들도 마찬가지였던 것이다. 업무가 10분만 일찍 떨어졌어도 충분히 마무리 지을 수 있었을 텐데, 최선을 다한 일이 모두 헛수고가 되어버렸다. 이렇게 찜찜한 상태로 퇴근하면 연휴 내내 마음이 편하지 않을 것이 뻔했지만, 달리 방법이 없었다. 10분의 가치가 이렇게나 클 줄은 몰랐다.

한번 지나간 시간은 되돌릴 수 없다. 때문에 시간을 잘 배분하고 계획한 순서대로 진행해야 힘을 덜 들이고 깔끔하게 목표를 이룰 수 있다. 처음 계획 단계에서 방향을 잘못 잡으면 흘러간 만큼의 시간을 다시 투자하는 수밖에 없다. 시간을 아끼려면 방향이 올바르게 설정되었는지, 더 나은 선택지는 없는지 철저하게 확인해야 한다. 절대 끝내지 못할 것 같은 방대한 일도 시간을 내 편으로 만들면 충분히 할 수 있다.

그런데 '시간이 내 편'이라는 말은 무슨 뜻일까? 이는 '시간이 흐르면 결국에는 나의 뜻대로 이뤄진다'라는 의미다. 시간에 맞서 싸워 이길 수 있는 사람은 없다. 시간에 맞서는 대신 같은 편에 선다면 그 강력한 힘을 내 것으로 만들 수 있다. 시간을 내 편으로 만드는 힘은 다름 아닌 지속성이다. 올바른 방향이라고 확신이 든다면 끝까지 가봐야 한다. 오직 한길만을 걸어오며 그 분야에 통달한 장인들을 보며 우리는 종종 존경심을 느낀다. 오랜 시간을 묵묵히 인내하며 멈추지 않고 실력을 쌓아오는 것이 굉장히 어렵다는 것을 알기 때문이다. 그 세월 동안 얼마나 많은 유혹과 역경과 좌절이 있었겠는가. 이를 모두 극복할 수 있는 그들의 지속성에 감탄할 따름이다. 자산을 늘리는 과정도 어느 변곡점에 도달하기 전에는 지루하고 고단하기만 하다. 하지만 포기하지 않고 지속해나가면 시간은 내 편이 되어줄 것이고, 무조건 나의 뜻대로 이뤄지게 되어 있다.

그렇다면 지속성은 어디에서 비롯될까? 지속성은 앞이 보이지 않고 허무함이 몰려와도 멈추지 않는 의지와 남들의 시선보다 나의 미래에 의미를 두고 도전하는 용기에서 나온다. 또, 지금은 어설프고 초라해도 언젠가는 눈부시게 발전하리라는 희망과 다짐에서 나온다. 재미도 빼놓을 수 없다. 재미는 지속성을 불러온다. 한 가지 일을 오랜 세월 계속해온 사람들은 그 일을 즐거워하는 사람들이다. 재미없는 일을 지속하려면 두세 배의 힘이 들고, 결국 지치고 만다. 반대로 두세 배로 힘들어도 재미가 있다면 거뜬히 지속할 수 있다. 이는 부의 축적에도 그대로 적용된다.

나는 임대사업을 운영하는 것이 정말 재미있다. 재미있으니 더 잘하고 싶은 의지가 샘솟는다. 주로 소형 아파트를 월세로 임대하는 방식도 내게 잘 맞는 것 같다. 올바른 방향으로 가고 있다고 판단되니 계속 도전할 수 있는 용기도 생긴다. 이는 모두 지속성의 기반이 되었고, 이를 통해 나는 10여 년째 임대사업을 이어오고 있으며,

앞으로도 계속 이어갈 것 같다. 임대사업에 있어 시간은 내 편이라는 확신이 든다.

흔히 성공의 덕목으로 근면성을 꼽지만 나는 그보다 지속성을 더 높이 평가한다. 얼핏 비슷해 보이지만 지속성과 근면성은 분명 다르다. 근면성은 개인적인 요소라 사람에 따라 차이가 있다. 부지런하지 않아도 포기하지 않고 지속할 수 있다면 성공할 수 있다. 하지만 지속할 수 없으면 성공할 수 없다. 게으른 부자는 있지만 꾸준하지 않은 부자는 없다는 것을 명심하자. 지속성 없이는 발전하지 못하고 다시 원점으로 돌아가고 만다. 일단 맞는 방향을 설정했다면 최선을 다해봐야 한다. 그렇게 지속성을 훈련해나가다 보면 어느 순간 시간이 내 편이 되어 있을 것이다.

가장 궁극적인
부의 축적의 목적

물질로 만족을 느끼는 것에는 시간적 한계가 있다. 멋지고 비싼 명품을 구입했어도 시간이 지나면 흥미가 떨어진다. 더 비싼 것, 새로운 것에 마음이 옮겨간다. 그러니 물질에서 만족을 얻는 삶은 허전하다. 물건을 사도 만족은 오래가지 않고, 사면 살수록 만족을 느끼는 기간은 점점 짧아진다. 허전해서 물건을 사지만 이로 인해 더 허전해지는 악순환이 거듭된다.

부의 축적 과정에서도 마찬가지다. 물질 자체에 가치를 두면 결국 아무런 부도 쌓지 못한다. 초기에는 늘어나는 자산을 보며 흡족할 것이다. 하지만 그 기간은 길지 않고 곧 나보다 더 비싼 차를 타는 사람, 더 좋은 아파트에 사는 사람, 더 많은 통장 잔고를 가진 사람이 눈에 들어오기 시작한다. 그 순간 내가 소유한 물질들이 더는 만족스럽지 않고, 그동안 느꼈던 만족감은 조급함으로 바뀐다. 하루라도 빨리 저 사람들보다 더 비싸고 좋은 것을 많이 가지고 싶다. 더 많이 가짐으로써 조급함에서 벗어나고 싶다.

부를 늘리는 일에 열정을 쏟는 사람들 중에 위와 같은 이유로 무리한 시도를 하는 경우가 생각보다 많다. 포인트는 '남들보다 빨리, 남들보다 많이'다. 이렇게 남의 눈을 의식하며 끊임없이 비교하면서 쌓아가는 부는 결코 만족감을 주지 못한다. 오히려 채워지지 않는 허전함에 괴롭기만 하다. 조금 느리더라도 행복하고 진실되게 부를 축적할 수는 없을까? 그러려면 어떻게 해야 할까?

이런 고민을 가진 사람들에게 나는 물질이 아닌 '의미'에서 만족을 얻으라고 권한다. 사람마다 추구하는 삶의 의미는 다를 수 있지만, 공통적인 것이 하나 있다. 바로 행복이다. 우리는 모두 나의 행복, 내가 사랑하는 사람들의 행복을 위해 살아간다. 행복에 초점을 맞춰 자산을 늘려나간다면 어떨까? 자산이 늘어나면서 얻게 된 여유로 스스로 행복해질 수 있는 무언가를 한다면 단순히 물질을 소유하는 것보다 가치 있을 것이다. 행복과 부의 축적은 한 방향으로 함께 가야 한다. 둘의 방향이 어긋난다면 당연히 부를 포기하고 행복을 따라가야 한다. 행복하지 않은 부의 축적은 무의미하기 때문이다. 당장 부를 포기하더라도 행복하게 부를 쌓겠다는 열망만 놓지 않는다면 다음 기회를 만날 수 있다. 그때 새로이 부의 축적을 시작하면 된다.

행복이라고 하여 대단한 것은 아니다. 작은 행복, 작은 성공부터 시작하여 허전했던 마음을 채워가면 된다. 그렇게 꾸준히 채우다 보면 어느새 부의 기반이 단단하게 다져져 있을 것이다. 큰 행복, 큰 성공에 집착할 필요가 없다. 한 번의 성공으로 인생이 역전되지 않는다. 평범하고 단순한 날들이 반복되며 일상이 되듯, 작고 소박한 행복들이 반복되며 마침내 우리의 마음이 충만해진다. 어떻게 행복해질 수 있는지 알았으니 다음 단계로 나아가기 쉽고 의욕도 넘친다. 그렇게 행복이 부를 부르고, 부가 다시 행복을 가져오는 선순환 구조를 만드는 것이 중요하다.

우리가 추구해야 할 부의 축적의 궁극적인 목적은 행복이 되어야 한다. 물질로 얻는 만족은 결국 허전함만 남긴다. 무엇이 나를 행복하게 하는지 생각해보자. 가족과의 여유로운 주말일 수도 있고, 자연 속에서 사색하는 혼자만의 시간일 수도 있고, 어려운 사람들에게 건네는 따뜻한 마음일 수도 있다. 그 행복을 위해 부를 쌓는 것이다. 그리고 쌓인 부로 다시 그 행복에 투자하는 것이다. 그렇게 행복한 순간들로 삶을 채우다 보면 단순히 비싼 차나 고급 아파트를 소유하는 것보다 훨씬 값지고 견고한 부의 축적을 이룰 수 있다.

행복에 초점을 맞춰 자산을 늘려나간다면 어떨까?
....

자산이 늘어나면서 얻게 된 여유로
....

스스로 행복해질 수 있는 무언가를 한다면
....

단순히 물질을 소유하는 것보다 가치 있을 것이다.
....

꾸준한 독서와
현명한 자산 관리의 상관관계

어릴 적 나는 나만의 서재를 가지고 싶었다. 커다란 방의 모든 벽에 높다란 책장을 놓고 좋아하는 책으로 가득 채우는 상상을 하고는 했다. 그렇게 책을 많이 가지면 그만큼 나의 내면도 채워질 것이라 기대했다. 하지만 이제는 안다. 책을 소유하는 것과 읽는 것은 다르다. 그래서 지금은 책장에 꽂기 위해 책을 사지 않고, 읽기 위해 책을 산다. 모든 책에는 중요한 메시지가 반드시 하나 이상 있다. 나는 책을 읽을 때마다 나름대로 메시지를 찾아서 노트에 깔끔하게 정리해둔다. 언젠가 내게 도움이 될 것이라고 여기기 때문이다. 그렇게 내 인생에 의미가 있는 책들만 최종적으로 내 책장에 자리 잡는다. 나만의 까다로운 절차를 거쳐 내 책장에 들어온 책들은 다시 나가는 법이 없다. 꽂히는 순간부터 쭉 내 삶에 함께한다. 삶이 고단할 때면 그중에 하나를 골라 든다. 그러면 책이 내게 길을 보여준다. 나는 그 길을 따라가기만 하면 된다. 때때로 나의 상황이 변하면 이전에 읽었던 책임에도 또 다른 메시지가 보일 때가 있다. 그렇게 책 속에서 인생을 배운다.

누군가 부를 쌓으려면 어떻게 공부해야 하느냐고 물으면 나는 꾸준한 독서를 권유한다. 부의 축적도 인생의 일부이니 당연하다. 책에는 시공간을 초월한 지혜와 경험이 들어 있고, 이는 부의 축적에도 큰 가르침을 준다. 하지만 "한 권만 읽으면 부를 쌓을 수 있는 그런 책을 추천해주세요"라는 말에는 돌려줄 답변이 없다. 책 한 권으로 모든 것을 해결할 수는 없기 때문이다. 가급적 양질의 책을 다독하는 것이 최선이자 최고의 공부법이다.

부의 축적은 한순간에 이뤄지지 않고, 한 번 달성했다고 거기서 끝나는 것이 아니다. 모인 자산을 잘 관리해야 한다. 자산의 규모가 커질수록 관리가 만만치 않을 것이다. 해결해야 할 문제들이 산처럼 쌓이고 걱정되는 일들도 자꾸 생긴다. 이를테면 세금 같은 것 말이다. 소득이 있는 곳에는 무조건 세금이 있다. 만약 세금 납부가 부담스럽다면 부의 축적에 어느 정도 성공했다고 볼 수 있다. 소득이 늘어날수록, 자산이 많아질수록 세금도 증가하기 때문이다. 주식이든 부동산이든 현금이든 자산의 종류와는 상관없이 자산을 보유한 사람들이 현실적으로 부딪히게 되는 문제가 바로 세금이다. 자산의 규모가 크면 세금에 관해서도 심층적인 관리가 필요하다. 비용을 지불하고 전문가의 도움을 받으면 되지만, 본인도 웬만한 지식은 갖추고 있는 것이 좋다. 그런 상태에서 전문가에게 의뢰해야 그가 제대로 처리해주고 있는지, 혹시 놓친 것은 없는지, 더 요청할 것은 없는지 알 수 있다. 아무것도 모른 채로 남에게 맡기기만 한다면 그것은 방임이고, 주인의 무관심 속에 자산 관리에 구멍이 숭숭 뚫리기 쉽다. 그때 가서 문제를 해결하려면 늦다.

문제를 사전에 방지하고, 나아가 이미 발생한 문제를 효율적으로 해결하려면 부의 관리 능력을 갖춰야 한다. 아무리 노력해도 생각만큼 자산이 모이지 않는다면 관리가 제대로 이뤄지지 않고 있는 것이다. 자산의 규모가 커졌다고 해서 그만큼 행복해지지 않는다. 이를 잘 관리할 수 있어야 진짜로 행복해진다. 자산 관리에 확신이 없으면 애써 모은 부를 잃게 될 수 있다는 불안감에 마음의 여유가 없어진다. 그러니 미리 자산을 잘 다루기 위해 공부해야 한다. 그런데 학원을 다니거나 온라인 강의를 듣는다면 꽤 많은 시간과 비용과 품이 들어간다. 이를 마련하기는 쉽지 않다. 꾸준한 독서를 권하는 또 다른 이유가 여기에 있다. 책을 읽는 것에는 많은 시간이나 노력이 필요하지 않다. 가방 속에 책 한 권을 넣고 다니며 일상 속 틈틈이 꺼내 읽기만 하면 된다. 요즘은 전자책이나 오디오북도 많으니 이를 활용하는 것도 좋다.

길고 험난한 부의 축적의 길을 공부하지 않고 걷는 것은 눈을 감고 8차선 차도를 건너는 것만큼이나 위험하다. 그 길을 책과 함께 걷는다면 어떨까? 어떤 책이든 내 삶에 도움이 될 한 가지는 반드시 담겨 있다. 그것을 잘 챙겨서 나의 내면에 쌓아둔다면 위기의 순간에 나를 끌어줄 길잡이가 되어줄 것이다. 책을 읽으며 생각하기를 멈추지 말자. 단기간에 그 효과가 드러나지는 않겠지만, 인생 전체의 관점에서 봤을 때 책만큼 결정적인 역할은 하는 것도 없다.

누구나 경제적 자유를 꿈꾸지만 모두가 누릴 수는 없으므로

자본주의를 이해하려면 우선 소비와 생산의 개념을 명확히 알아야 한다. 소비자인 개인이 끊임없이 소비해줘야 자본주의 시스템이 원활하게 작동한다. 직장인은 월급을 받기 때문에 생산자라고 생각할 수 있지만, 노동의 대가로 월급을 받아서 그것으로 다시 소비하는 소비자다. 장사를 하는 사람도 손님에게 받은 돈으로 소비를 한다. 이렇듯 개인은 사업을 하든 직장에 다니든 결국은 소비자다. 그렇다면 직장인은 월급을 생산하니 생산자 겸 소비자인 걸까? 그렇지 않다. 월급은 나의 노동과 교환해서 얻은 대가이므로 생산이 될 수 없다. 장사도 마찬가지다. 나의 시간과 노동을 들여 얻는 것이므로 자영업자도 온전한 생산자라고 할 수 없다. 온전한 의미의 생산자는 기업이다. 기업의 가장 첫 번째 목적은 이윤 창출이다. 수익 구조를 가진 기업을 개인이 소유하거나 만들었다면 이 경우에는 소비자이자 생산자라고 할 수 있다. 일하지 않아도 스스로 돌아가는 수익 창출 시스템을 구축했기 때문이다. 자본주의 사회에서 생산과 소비의 역할을 모두 수행하는 사람은 소비만 하는 사람보다 우위에 선다. 이를 구분하는 기준은 결국 생산 수단을 가지고 있느냐 없느냐다. 스스로 생산 수단을 가지지 못한 개인은 타인의 생산 수단이 된다. 내가 보기에, 자본주의의 핵심은 바로 이것이다.

타인의 생산 수단으로 사는 삶은 녹록지 않다. 그나마 효율적으로 일할 수 있다면 나의 생산 수단을 마련할 힘이 있지만, 그렇지 않은 경우는 평생 남의 생산 수단이 되어 노동해야 한다. 세상에 평등한 시작은 없다. 누군가 남들보다 우월한 출발점을 가지고 태어났다면, 이는 그의 부모 혹은 그 이전 세대에서 값을 치르고 얻어낸 것이다. 이를 바꿔 말하면 내가 열심히 살지 않으면 나의 후대가 고생한다는 이야기가 된다. 그러니 생산 수단을 갖는 것이 무엇보다 중요하다. 자본주의 사회에서의 삶의 질은 꾸준한 가치를 창출해내는 수익 구조를 가지고 있느냐 없느냐에 따라 달라진다. 이를 빨리 깨달으면 경제적 자유를 앞당길 수 있고, 영영 깨닫지 못하면 경제적 자유를 이룰 수 없다.

돈을 벌기 위해서는 사람들이 원하는 가치를 창출하고 제공해야 한다. 임대사업자는 쾌적한 건물, 깔끔한 인테리어, 철저한 보안 등의 가치를 파는 사업가다. 그 가치의 대가로 월세나 전세 수익을 얻는다. 이 가치는 저절로 생기는 것이 아니라 임대인의 부단한 노력과 세밀한 전략이 뒷받침되어야 한다. 생산 수단을 가진 개인은 어떨까? 이들은 내 역할을 대신해줄 분신이 하나 있는 셈이다. 나의 생산 수단이 내가 노동으로 버는 돈의 절반만 벌어들여도 나는 같은 시간 동안 내 노동의 가치보다 1.5배 많은 수익을 얻을 수 있다. 생산 수단이 벌어들이는 돈이 더 많아지거나 생산 수단의 개수가 늘어난다면 수십 개의 분신이 있는 것과 같다.

노동으로는 이러한 수준의 수익을 낼 수 없다. 내 몸은 하나이고 그 몸으로 일할 수 있는 시간에는 한계가 있다. 그러니 단지 열심히 일하기만 해서는 부를 축적할 수 없는 것이다. 생산 수단을 만들고, 늘리고, 성장시켜야 한다. 우리 사회의 자본 구조는 날이 갈수록 정교해지고 있다. 그래서 막대한 수익을 한 번에 얻을 수 있는 빈틈이 점차 사라지고 있다. 자본에 이미 가까운 사람만이 부자가 되고, 멀리 있는 사람들은 부의 축적에서 멀어지는 양극화가 심화되는 추세다. 그 속도가 무섭도록 빠르다. 그러니 조금이라도 빨리 부에 대해 공부하고 투자해야 한다.

자본주의 사회에서는 소비가 중심이다. 소비가 끊기면 경제가 무너진다. 소득을 초과한 소비는 개인에게 빈곤을 안겨주지만, 소비자들이 끊임없이 무언가를 구입해야 경제가 원활히 움직인다. 소비를 하려면 돈이 있어야 한다. 그래서 소비자들은 노동과 소비를 반복하면서 삶의 대부분을 보내게 된다. 반면 생산자는 시간이 갈수록 점점 더 많은 돈을 번다. 생산 수단이라고는 내 몸 하나가 전부인 상태에서 단번에 생산자로 변신할 수는 없다. 일단 생산 수단을 마련하기 위한 자금이 필요하다. 상당 기간 동안 노동하며 돈을 모은다. 그렇게 종잣돈을 만들어 생산 수단을 발굴하고 이를 발전시키다 보면 마침내 더 이상 노동을 하지 않아도 되는 날이 온다. 그날이 바로 경제적 자유를 달성하는 날이다.

누구나 경제적 자유를 꿈꾼다. 그 꿈을 이루기 위해 각자 계획을 세우고 방법을 모색한다. 그중 몇몇은 실제로 경제적 자유를 이루는 데 성공하지만, 대다수의 보통 사람들은 그러지 못한다. 그 근본적인 원인 중 하나가 생산자와 소비자의 개념을 잘못 이해하고 있어서다. 돈만 있으면 어디서든 대접받는 사회에서 살고 있기에 '소비자가 갑'이라는 착각에 빠질 수 있다. 그러면 어떻게 더 효율적으로 더 많은 소비를 할 수 있을지에만 몰두하게 된다. 하지만 소비와 그로 인한 만족이 얼마나 오래갈 수 있을까? 소비에는 궁극적인 만족이란 것이 없다. 이전보다 더 많은 지출로 잠시 즐거움을 느끼고 다시 허전해지기를 반복할 뿐이다. 이 일시적인 즐거움이라도 누리려면 더 많이 노동해서 돈을 더 벌어야 한다. 그러면 높아진 노동 강도로 인해 스트레스가 늘어나고, 이를 해소하기 위해 다시 소비로 향한다.

그러므로 경제적 자유를 원한다면 반드시 생산자의 입장에 서야 한다. 그런 면에서 매달 들어오는 월급은 치명적인 위험 요소다. 월급이 주는 안정감에 기대기 시작하면 생산자로 향하려던 의지가 꺾인다. 낯선 것에 도전하고 싶지도 않고, 리스크를 감수하고 싶지도 않게 된다. 그냥 현재의 편안함만 계속 즐기고 싶다. 이런 위험에서 벗어나려면 소비를 통제해야 한다. 부의 축적을 위한 기초는 바로 나의 계획과 통제 아래 지출하는 것이다. 그런 다음에 생산 수단을 만들기 위한 부단한 노력을 시작한다. 처음 만들어진 생산 수단이 큰 가치를 제공할 수는 없다. 너무 비현실적인 목표를 세우고 그것만을 바라보며 수행하듯 나아가는 것은 좋은 방법이 아니다. 작은 것에서 출발해 조금씩 키워나가는 과정에서 재미를 찾아보자. 그렇게 한 걸음 한 걸음 내딛다 보면 어느새 부의 축적을 달성해서 경제적 자유의 문 앞에 다다르게 될 것이다. 우리 모두가 지치지 않고 부의 축적의 여정을 마치길 바란다. 언젠가 경제적 자유의 문을 활짝 열고 인생의 새로운 챕터를 맞이하게 되길 진심으로 응원한다.

작은 것에서 출발해 조금씩 키워나가는

....

과정에서 재미를 찾아보자.

....

그렇게 한 걸음 한 걸음 내딛다 보면

....

어느새 부의 축적을 달성해서

....

경제적 자유의 문 앞에 다다르게 될 것이다.

....

평범한 월급쟁이에게 경제적 자유를 안겨준

보통 사람 부자 수업

초판 1쇄 발행 2023년 2월 27일

지은이 박완규
펴낸이 성의현
펴낸곳 (주)미래의창

책임편집 김윤하
디자인 윤일란·강혜민
홍보 및 마케팅 연상희·이보경·정해준·김제인

출판 신고 2019년 10월 28일 제2019-000291호
주소 서울시 마포구 잔다리로 62-1 미래의창빌딩(서교동 376-15, 5층)
전화 070-8693-1719 **팩스** 0507-1301-1585
홈페이지 www.miraebook.co.kr
ISBN 979-11-92519-39-5   03320

※ 책값은 뒤표지에 있습니다.

생각이 글이 되고, 글이 책이 되는 놀라운 경험. 미래의창과 함께라면 가능합니다.
책을 통해 여러분의 생각과 아이디어를 더 많은 사람들과 공유하시기 바랍니다.
투고메일 togo@miraebook.co.kr (홈페이지와 블로그에서 양식을 다운로드하세요)
제휴 및 기타 문의 ask@miraebook.co.kr